交通运输企业主要负责人和安全生产管理人员培训丛书

道路货物运输站场

主要负责人和安全生产管理人员培训教材

本书编写组　编
交通运输部安全委员会办公室　审定

《中华人民共和国安全生产法》第二十四条

生产经营单位的主要负责人和安全生产管理人员必须具备与本单位所从事的生产经营活动相应的安全生产知识和管理能力。

道路运输单位的主要负责人和安全生产管理人员，应当由主管的负有安全生产监督管理职责的部门对其安全生产知识和管理能力考核合格……

人民交通出版社股份有限公司
China Communications Press Co.,Ltd.

内容提要

本书根据《安全生产法》对企业主要负责人和安全生产管理人员的要求编写，全书共分6章，主要内容包括：安全生产法律法规、生产经营单位安全生产主体责任、企业安全管理基础、危险源辨识与隐患排查治理、应急救援以及事故报告调查处理与案例分析等相关内容。

本书适用于道路货物运输站场主要负责人和安全管理人员培训和学习。

图书在版编目（CIP）数据

道路货物运输站场主要负责人和安全生产管理人员培训教材／《道路货物运输站场主要负责人和安全生产管理人员培训教材》编写组编．—北京：人民交通出版社股份有限公司，2016.6

ISBN 978-7-114-13087-8

Ⅰ.①道…　Ⅱ.①道…　Ⅲ.①公路运输—货物运输—运营管理—岗位培训—教材　Ⅳ.①U492.3

中国版本图书馆CIP数据核字(2016)第127799号

Daolu Huowu Yunshu Zhanchang Zhuyao Fuzeren he Anquan Shengchan Guanli Renyuan Peixun Jiaocai

书　　名：道路货物运输站场主要负责人和安全生产管理人员培训教材
著 作 者：本书编写组
责任编辑：林宇峰
出版发行：人民交通出版社股份有限公司
地　　址：(100011)北京市朝阳区安定门外外馆斜街3号
网　　址：http://www.ccpress.com.cn
销售电话：(010)59757973
总 经 销：人民交通出版社股份有限公司发行部
经　　销：各地新华书店
印　　刷：北京鑫正大印刷有限公司
开　　本：880×1230　1/32
印　　张：6.125
字　　数：165千
版　　次：2016年6月　第1版
印　　次：2016年6月　第1次印刷
书　　号：ISBN 978-7-114-13087-8
定　　价：30.00元

交通运输企业主要负责人和安全生产管理人员培训丛书

编　委　会

鸣　谢：北京中平科学技术院

训教材》;

(8)《机动车维修企业主要负责人和安全生产管理人员培训教材》;

(9)《汽车客运站主要负责人和安全生产管理人员培训教材》;

(10)《交通运输建筑施工企业主要负责人和安全生产管理人员培训教材》。

本套丛书根据交通运输企业实际情况,按照理论与实践相结合的原则进行编写,根据交通运输各经营类别的特点,将安全生产管理知识充分融入实际工作之中,使企业主要负责人和安全生产管理人员能够通过学习切实提高安全知识水平和实际安全生产管理能力。

本书经过大量的现场咨询考察和调研编写而成,具备如下特点:

(1)依据最新法规内容要求编制,符合行业管理要求。

(2)结合大量道路货物运输企业现场咨询调研结果进行编制,理论与实际紧密结合。

(3)本教材充分结合行业特点,更具备针对性。

(4)本书侧重于企业的实际安全生产管理,适用性强。

本书从法律法规、道路货运站安全管理基础、危险源辨识和隐患排查以及应急救援等各方面安全管理知识进行讲解分析,供道路货物运输站场主要负责人和安全管理人员学习和参考。

本书由肖楚阳、常勇主编,徐川、谢海明、许永华参与编写。

由于编者的水平有限,书中难免有不妥之处,敬请广大读者批评指正。

交通运输企业主要负责人和安全生产管理人员培训丛书编委会

2016年3月15日

目　录

第一章　安全生产法律法规

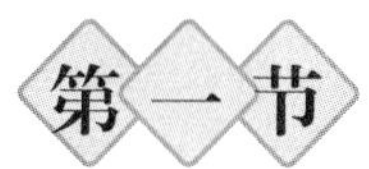

第一节　安全生产法律法规体系

一、法的概念、本质和特征

❶ 法的概念

法有狭义和广义之分，从广义上讲，国家按照统治阶级利益和意志制定或者认可的，并由国家强制力保证其实施的行为规范的总和即为法，而狭义上的法，包括宪法、法律、行政法规、地方性法规、行政规章等各种成文法在内具体的法律规范。

❷ 法的本质

法的最本质的属性是统治阶级的意志，而不是任何个人的意志，更不是超阶级的共同意志。统治阶级的意志决定于统治阶级的物质生活条件，这种物质生活条件构成法的基础。法作为统治阶级的意志可以体现在以下 3 个方面：

(1)意志内容的一般性；

(2)意志内容的客观性；

(3)意志内容的统一性。

❸ 法的特征

法所表现的意志首先是一种社会意识形态，但又不单纯是意识形态,而是一种社会规范。它为人们规定一定的行为规则,指示人们在特定的条件下可以做什么,必须做什么,禁止做什么,即规定人们享有的权利和应当履行的义务,从而调整人们在社会生活中的相互关系。法作为一种社会规范,在其发生作用的范围内具有普遍性、稳定性和约束力。社会规范很多,诸如道德、风俗习惯、宗教教规,以及各种社会团体的规章等。法与上述社会规范不同,法是一种特殊的社会规范,这表现在法具有以下 4 个特征:

(1)法是由特定的国家机关制定的;

(2)法是依照特定的程序制定的;

(3)法具有国家强制性;

(4)法是调整人们行为的社会规范。

二、安全生产法律体系

我国安全生产法律法规体系,是指我国全部现行的、不同的安全生产法律规范形成的有机联系的统一整体,是国家法律法规体系的一部分。按照其法律地位和法律效力的层级划分为法律、法规、规章以及安全生产标准,如图 1-1 所示。

❶ 安全生产法律

安全生产法律特指由全国人民代表大会及其常务委员会依照一定的立法程序制定和颁布的规范性文件。我国安全生产法律包括基础法律、专门法律和相关法律等。

1)基础法

《中华人民共和国安全生产法》是综合安全生产法律制度的法律,属于基础法,它适用于与生产经营活动安全有关的所有行为、单位、部门,是我国安全生产法律体系的核心。

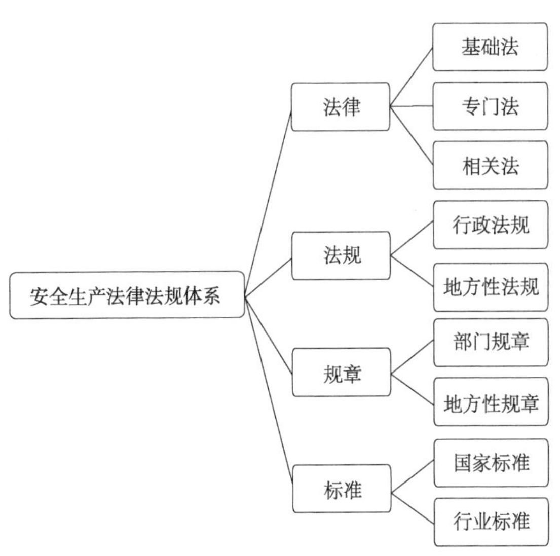

图 1-1　安全生产法律法规体系

2)专门法

专门的安全生产法律是规范某一专业领域生产法律制度的法律,我国在专业领域的法律有《中华人民共和国道路交通安全法》、《中华人民共和国消防法》、《中华人民共和国特种设备安全法》等。

3)相关法

与安全生产相关的法律是指安全生产专门法律以外的其他法律中涵盖有安全生产内容的法律,如《中华人民共和国劳动法》、《中华人民共和国工会法》等 。

❷ 安全生产法规

我国现行的法规分为行政法规和地方性法规。

1)行政法规

安全生产行政法规是由国务院组织制定并批准公布的,是为

实施安全生产法律或规范安全生产监督管理制度而制定并颁布的一系列具体规定，是实施安全生产监督管理和监察工作的重要依据。安全生产行政法规有《中华人民共和国道路运输条例》、《生产安全事故报告和调查处理条例》等。

2）地方性法规

安全生产地方性法规是指由有立法权的地方权力机关——人民代表大会及其常务委员会依照法定职权和程序制定和颁布的、实行于本行政区域的规范性文件。各省人大及常委会通过的安全生产条例等有关国家法律法规的实施办法、条例等均属于安全生产地方性法规。

❸ 安全生产规章

1）部门规章

安全生产部门规章是指国务院的部、委员会和直属机构依照法律、行政法规或者国务院授权指定的在全国范围内实施安全生产行政管理的规范性文件，如《道路运输从业人员管理规定》、《交通运输突发事件应急管理规定》、《道路旅客运输及客运站管理规定》等。

2）地方性规章

安全生产地方性规章是由省、自治区、直辖市、较大的市（省、自治区政府所在地的市、经济特区政府所在地的市和经国务院批准的较大的市）的人民政府根据法律、行政法规和本省、自治区、直辖市的地方性法规制定的规章。

❹ 安全生产标准

安全生产标准是围绕如何消除、限制或预防劳动过程中的危险和有害因素，保护职工安全与健康，保障设备、生产正常运行而制定的统一规定。依据《中华人民共和国标准化法》的规定，标准的层次依次为：国家标准、行业标准、地方标准、企业标准，列入安全生产法律体系的主要是指国家标准和行业标准,国家标准、行业标准又分为强制性标准和推荐性标准。

❺ 安全生产法律法规的法律效力及相互关系

(1)安全生产法律的地位和效力次于宪法,其规定不得同宪法相抵触。安全生产法律效力高于行政法规、地方性法规和行政规章。

(2)行政法规的法律地位和法律效力次于宪法和法律,但高于地方性法规、行政规章。行政法规在中华人民共和国领域内具有约束力,这种约束力体现在两个方面:一是约束国家行政机关自身的效力,二是约束行政管理相对人的效力。

(3)地方性法规的法律效力高于本级和下级地方政府规章。地方性法规与部门规章之间对同一事项的规定不一致,不能确定如何适用时,由国务院提出意见,国务院认为应当适用地方性法规的,应当决定在该地方适用地方性法规的规定;认为应当适用部门规章的,应当提请全国人民代表大会常务委员会裁决。

(4)部门规章之间、部门规章与地方政府规章之间具有同等效力,在各自的权限范围内施行。部门规章之间、部门规章与地方政府规章之间对同一事项的规定不一致时,由国务院裁决。

(5)同一机关制定的法律、行政法规、地方性法规、自治条例和单行条例、规章,特别规定与一般规定不一致的,适用于特别规定;新规定与旧规定不一致的,适用于新规定。

三、道路货物运输站场相关法律法规体系框架

道路货物运输站场相关法律法规体系框架如图1-2所示。

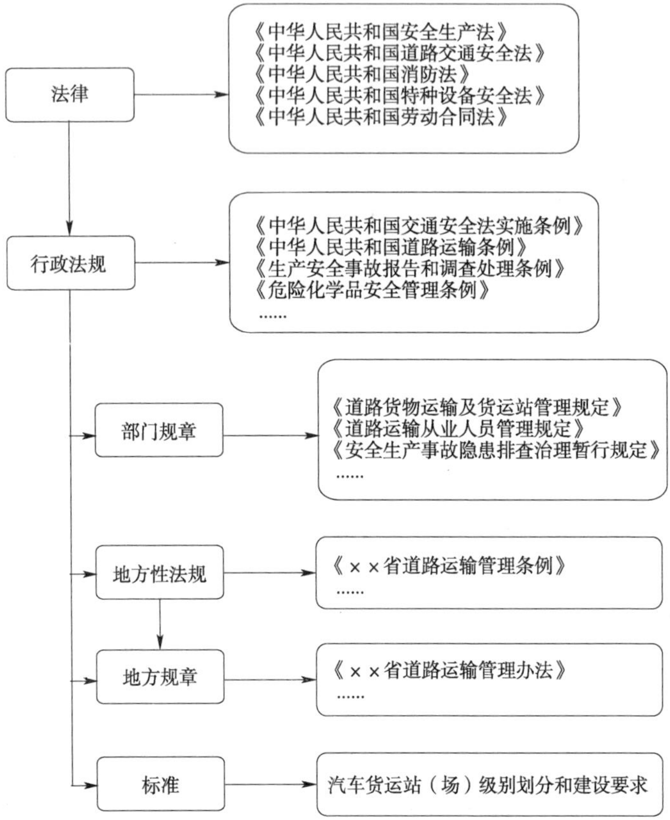

- 法律 →
  - 《中华人民共和国安全生产法》
  - 《中华人民共和国道路交通安全法》
  - 《中华人民共和国消防法》
  - 《中华人民共和国特种设备安全法》
  - 《中华人民共和国劳动合同法》
- 行政法规 →
  - 《中华人民共和国交通安全法实施条例》
  - 《中华人民共和国道路运输条例》
  - 《生产安全事故报告和调查处理条例》
  - 《危险化学品安全管理条例》
  - ……
- 部门规章 →
  - 《道路货物运输及货运站管理规定》
  - 《道路运输从业人员管理规定》
  - 《安全生产事故隐患排查治理暂行规定》
  - ……
- 地方性法规 →
  - 《××省道路运输管理条例》
  - ……
- 地方规章 →
  - 《××省道路运输管理办法》
  - ……
- 标准 →
  - 汽车货运站（场）级别划分和建设要求

图 1-2　道路货物运输站场相关法律法规体系框架

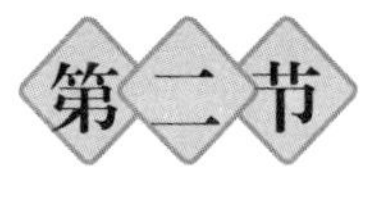

第二节　道路货物运输站场相关安全法律、法规

我国道路货物运输站场相关法律法规，如《中华人民共和国安全生产法》、《中华人民共和国道路交通安全法》、《中华人民共和国道路运输条例》等相关法律法规都是我国关于道路货物运输

站场方面的强制性要求文件，是我国道路货物运输站场行业相关法律体系的基础。

一、《中华人民共和国安全生产法》

《中华人民共和国安全生产法》(以下简称《安全生产法》)于2002年6月29日经第九届全国人民代表大会常务委员会第二十八次会议通过，2002年11月1日起施行。

2014年8月31日，第十二届全国人民代表大会常务委员会第十次会议通过了《全国人民代表大会常务委员会关于修改〈中华人民共和国安全生产法〉的决定》(中华人民共和国主席令第七十号)，并于2014年12月1日起施行。

(一)法律地位和立法目的

《安全生产法》是我国第一部全面规范安全生产的专门法律，在安全生产法 律法规体系中法律地位和法律效力是最高的。它是我国安全生产法律体系的主体法，是各类生产经营单位及其从业人员实现安全生产必须遵循的行为准则，是各级人民政府及其有关部门进行监督管理和行政执法的法律依据，是制裁各种安全生产违法犯罪行为的有力武器。

《安全生产法》的立法目的是："为了加强安全生产监督管理，防止和减少生产安全事故，保障人民群众生命和财产安全，促进经济社会持续健康发展，制定本法。"

(二)适用范围

《安全生产法》第二条对适用范围作了规定："在中华人民共和国领域内从事生产经营活动的单位(以下统称生产经营单位)的安全生产，适用本法；有关法律、行政法规对消防安全和道路交通安全、铁路交通安全、水上交通安全、民用航空安全以及核与辐射安全、特种设备安全另有规定的，适用其规定。”

（三）基本规定

❶ 安全生产管理的方针

第三条　安全生产工作应当以人为本，坚持安全发展，坚持安全第一、预防为主、综合治理的方针，强化和落实生产经营单位的主体责任，建立生产经营单位负责、职工参与、政府监管、行业自律和社会监督的机制。

❷ 安全生产责任制度

第四条　生产经营单位必须遵守本法和其他有关安全生产的法律、法规，加强安全生产管理，建立、健全安全生产责任制和安全生产规章制度，改善安全生产条件，推进安全生产标准化建设，提高安全生产水平，确保安全生产。

第十九条　生产经营单位的安全生产责任制应当明确各岗位的责任人员、责任范围和考核标准等内容。生产经营单位应当建立相应的机制，加强对安全生产责任制落实情况的监督考核，保证安全生产责任制的落实。

❸ 工会在安全生产工作中的地位和权力

第七条　工会依法对安全生产工作进行监督。生产经营单位的工会依法组织职工参加本单位安全生产工作的民主管理和民主监督，维护职工在安全生产方面的合法权益。生产经营单位制定或者修改有关安全生产的规章制度，应当听取工会的意见。

《安全生产法》第五十七条明确了工会参加安全管理的监督的权力：“工会有权对建设项目的安全设施与主体工程同时设计、同时施工、同时投入生产和使用进行监督，提出意见。工会对生产经营单位违反安全生产法律、法规，侵犯从业人员合法权益的行为，有权要求纠正；发现生产经营单位违章指挥、强令冒险作业或者发现事故隐患时，有权提出解决的建议，生产经营单位应当及时研究答复；发现危及从业人员生命安全的情况时，有权向生产经营单位建议组织从业人员撤离危险场所，生产经营单位必须立即作出处理。工会有权依法参加事故调查，向有关部门提出处理意见，并要求追究有关人员的责任。”

❹ 安全生产事故责任追究

第十四条　国家实行生产安全事故责任追究制度，依照本法和有关法律、法规的规定，追究生产安全事故责任人员的法律责任。

❺ 安全生产标准

第十条　国务院有关部门应当按照保障安全生产的要求，依法及时制定有关的国家标准或者行业标准，并根据科技进步和经济发展适时修订。生产经营单位必须执行依法制定的保障安全生产的国家标准或者行业标准。

❻ 安全生产宣传教育

第十一条　各级人民政府及其有关部门应当采取多种形式，加强对有关安全生产的法律、法规和安全生产知识的宣传，增强全社会的安全生产意识。

第七十四条　新闻、出版、广播、电影、电视等单位有进行安全生产公益宣传教育的义务，有对违反安全生产法律、法规的行为进行舆论监督的权利。

❼ 安全生产科技进步和奖励

第十五条　国家鼓励和支持安全生产科学技术研究和安全生产先进技术的推广应用，提高安全生产水平。

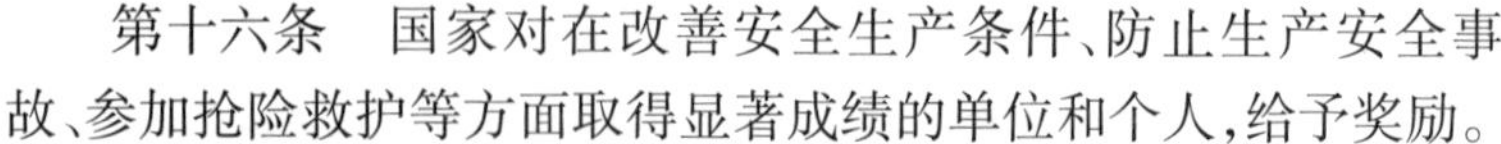

第十六条　国家对在改善安全生产条件、防止生产安全事故、参加抢险救护等方面取得显著成绩的单位和个人，给予奖励。

第七十三条　县级以上各级人民政府及其有关部门对报告重大事故隐患或者举报安全生产违法行为的有功人员，给予奖励。具体奖励办法由国务院负责安全生产监督管理的部门会同国务院财政部门制定。

（四）主要负责人和安全管理人员的安全责任

❶ 主要负责人的安全责任

第五条　生产经营单位的主要负责人对本单位的安全生产工作全面负责。

生产经营单位主要负责人是指对本单位生产经营负全面责任，有生产经营决策权的人员。具体指有限责任公司或股份有限公司的董事长、总经理，其他生产经营单位的厂长、经理、矿长、投资人等。

第十八条　生产经营单位的主要负责人对本单位安全生产工作负有下列职责：

（1）建立、健全本单位安全生产责任制；

（2）组织制定本单位安全生产规章制度和操作规程；

（3）组织制定并实施本单位安全生产教育和培训计划；

（4）保证本单位安全生产投入的有效实施；

（5）督促、检查本单位的安全生产工作，及时消除生产安全事故隐患；

（6）组织制定并实施本单位的生产安全事故应急救援预案；

（7）及时、如实报告生产安全事故。

第四十七条　生产经营单位发生生产安全事故时，单位的主要负责人应当立即组织抢救，并不得在事故调查处理期间擅离职守。

❷ 安全管理人员的安全责任

第十九条 生产经营单位的安全生产责任制应当明确各岗位的责任人员、责任范围和考核标准等内容。

生产经营单位应当建立相应的机制，加强对安全生产责任制落实情况的监督考核，保证安全生产责任制的落实。

第二十条 生产经营单位应当具备的安全生产条件所必需的资金投入，由生产经营单位的决策机构、主要负责人或者个人经营的投资人予以保证，并对由于安全生产所必需的资金投入不足导致的后果承担责任。

有关生产经营单位应当按照规定提取和使用安全生产费用，专门用于改善安全生产条件。安全生产费用在成本中据实列支。安全生产费用提取、使用和监督管理的具体办法由国务院财政部门会同国务院安全生产监督管理部门征求国务院有关部门意见后制定。

第二十一条 矿山、金属冶炼、建筑施工、道路运输单位和危险物品的生产、经营、储存单位，应当设置安全生产管理机构或者配备专职安全生产管理人员。

前款规定以外的其他生产经营单位，从业人员超过一百人的，应当设置安全生产管理机构或者配备专职安全生产管理人员；从业人员在一百人以下的，应当配备专职或者兼职的安全生产管理人员。

第二十二条 生产经营单位的安全生产管理机构以及安全生产管理人员履行下列职责：

(1)组织或者参与拟订本单位安全生产规章制度、操作规程和生产安全事故应急救援预案；

(2)组织或者参与本单位安全生产教育和培训，如实记录安全生产教育和培训情况；

(3)督促落实本单位重大危险源的安全管理措施;

(4)组织或者参与本单位应急救援演练;

(5)检查本单位的安全生产状况,及时排查生产安全事故隐患,提出改进安全生产管理的建议;

(6)制止和纠正违章指挥、强令冒险作业、违反操作规程的行为;

(7)督促落实本单位安全生产整改措施。

第二十三条　生产经营单位的安全生产管理机构以及安全生产管理人员应当恪尽职守,依法履行职责。

生产经营单位作出涉及安全生产的经营决策,应当听取安全生产管理机构以及安全生产管理人员的意见。

生产经营单位不得因安全生产管理人员依法履行职责而降低其工资、福利等待遇或者解除与其订立的劳动合同。

危险物品的生产、储存单位以及矿山、金属冶炼单位的安全生产管理人员的任免,应当告知主管的负有安全生产监督管理职责的部门。

第二十四条　生产经营单位的主要负责人和安全生产管理人员必须具备与本单位所从事的生产经营活动相应的安全生产知识和管理能力。

危险物品的生产、经营、储存单位以及矿山、金属冶炼、建筑施工、道路运输单位的主要负责人和安全生产管理人员,应当由主管的负有安全生产监督管理职责的部门对其安全生产知识和管理能力考核合格。考核不得收费。

第二十五条　生产经营单位应当对从业人员进行安全生产教育和培训,保证从业人员具备必要的安全生产知识,熟悉有关的安全生产规章制度和安全操作规程,掌握本岗位的安全操作技能,了解事故应急处理措施,知悉自身在安全生产方面的权利和义务。未经安全生产教育和培训合格的从业人员,不得上岗作业。

生产经营单位使用被派遣劳动者的，应当将被派遣劳动者纳入本单位从业人员统一管理，对被派遣劳动者进行岗位安全操作规程和安全操作技能的教育和培训。劳务派遣单位应当对被派遣劳动者进行必要的安全生产教育和培训。

生产经营单位接收中等职业学校、高等学校学生实习的，应当对实习学生进行相应的安全生产教育和培训，提供必要的劳动防护用品。学校应当协助生产经营单位对实习学生进行安全生产教育和培训。

生产经营单位应当建立安全生产教育和培训档案，如实记录安全生产教育和培训的时间、内容、参加人员以及考核结果等情况。

第二十六条 生产经营单位采用新工艺、新技术、新材料或者使用新设备，必须了解、掌握其安全技术特性，采取有效的安全防护措施，并对从业人员进行专门的安全生产教育和培训。

第二十七条 生产经营单位的特种作业人员必须按照国家有关规定经专门的安全作业培训，取得相应资格，方可上岗作业。

特种作业人员的范围由国务院负安全生产监督管理部门会同国务院有关部门确定。

第二十八条 生产经营单位新建、改建、扩建工程项目（以下统称建设项目）的安全设施，必须与主体工程同时设计、同时施工、同时投入生产和使用。安全设施投资应当纳入建设项目概算。

第三十二条 生产经营单位应当在有较大危险因素的生产经营场所和有关设施、设备上，设置明显的安全警示标志。

第三十三条 安全设备的设计、制造、安装、使用、检测、维修、改造和报废，应当符合国家标准或者行业标准。

生产经营单位必须对安全设备进行经常性维护、保养，并定期检测，保证正常运转。维护、保养、检测应当作好记录，并由有关人员签字。

第三十四条　生产经营单位使用的危险物品的容器、运输工具，以及涉及人身安全、危险性较大的海洋石油开采特种设备和矿山井下特种设备，必须按照国家有关规定，由专业生产单位生产，并经具有专业资质的检测、检验机构检测、检验合格，取得安全使用证或者安全标志，方可投入使用。检测、检验机构对检测、检验结果负责。

第三十五条　国家对严重危及生产安全的工艺、设备实行淘汰制度，具体目录由国务院安全生产监督管理部门会同国务院有关部门制定并公布。法律、行政法规对目录的制定另有规定的，适用其规定。

省、自治区、直辖市人民政府可以根据本地区实际情况制定并公布具体目录，对前款规定以外的危及生产安全的工艺、设备予以淘汰。

生产经营单位不得使用应当淘汰的危及生产安全的工艺、设备。

第三十六条　生产、经营、运输、储存、使用危险物品或者处置废弃危险物品的，由有关主管部门依照有关法律、法规的规定和国家标准或者行业标准审批并实施监督管理。

生产经营单位生产、经营、运输、储存、使用危险物品或者处置废弃危险物品，必须执行有关法律、法规和国家标准或者行业标准，建立专门的安全管理制度，采取可靠的安全措施，接受有关主管部门依法实施的监督管理。

第三十七条　生产经营单位对重大危险源应当登记建档，进行定期检测、评估、监控，并制定应急预案，告知从业人员和相关人员在紧急情况下应当采取的应急措施。

生产经营单位应当按照国家有关规定将本单位重大危险源及有关安全措施、应急措施报有关地方人民政府安全生产监督管理部门和有关部门备案。

第三十八条　生产经营单位应当建立健全生产安全事故隐患排查治理制度，采取技术、管理措施，及时发现并消除事故隐患。事故隐患排查治理情况应当如实记录，并向从业人员通报。

县级以上地方各级人民政府负有安全生产监督管理职责的部门应当建立健全重大事故隐患治理督办制度，督促生产经营单位消除重大事故隐患。

第三十九条　生产、经营、储存、使用危险物品的车间、商店、仓库不得与员工宿舍在同一座建筑物内，并应当与员工宿舍保持安全距离。

生产经营场所和员工宿舍应当设有符合紧急疏散要求、标志明显、保持畅通的出口。禁止锁闭、封堵生产经营场所或者员工宿舍的出口。

第四十条　生产经营单位进行爆破、吊装以及国务院安全生产监督管理部门会同国务院有关部门规定的其他危险作业，应当安排专门人员进行现场安全管理，确保操作规程的遵守和安全措施的落实。

第四十一条　生产经营单位应当教育和督促从业人员严格执行本单位的安全生产规章制度和安全操作规程；并向从业人员如实告知作业场所和工作岗位存在的危险因素、防范措施以及事故应急措施。

第四十二条　生产经营单位必须为从业人员提供符合国家标准或者行业标准的劳动防护用品，并监督、教育从业人员按照使用规则佩戴、使用。

第四十三条　生产经营单位的安全生产管理人员应当根据

本单位的生产经营特点，对安全生产状况进行经常性检查；对检查中发现的安全问题，应当立即处理；不能处理的，应当及时报告本单位有关负责人，有关负责人应当及时处理。检查及处理情况应当如实记录在案。

生产经营单位的安全生产管理人员在检查中发现重大事故隐患，依照前款规定向本单位有关负责人报告，有关负责人不及时处理的，安全生产管理人员可以向主管的负有安全生产监督管理职责的部门报告，接到报告的部门应当依法及时处理。

第四十四条　生产经营单位应当安排用于配备劳动防护用品、进行安全生产培训的经费。

第四十五条　两个以上生产经营单位在同一作业区域内进行生产经营活动，可能危及对方生产安全的，应当签订安全生产管理协议，明确各自的安全生产管理职责和应当采取的安全措施，并指定专职安全生产管理人员进行安全检查与协调。

第四十六条　生产经营单位不得将生产经营项目、场所、设备发包或者出租给不具备安全生产条件或者相应资质的单位或者个人。

生产经营项目、场所发包或者出租给其他单位的，生产经营单位应当与承包单位、承租单位签订专门的安全生产管理协议，或者在承包合同、租赁合同中约定各自的安全生产管理职责；生产经营单位对承包单位、承租单位的安全生产工作统一协调、管理，定期进行安全检查，发现安全问题的，应当及时督促整改。

第四十七条　生产经营单位发生生产安全事故时，单位的主要负责人应当立即组织抢救，并不得在事故调查处理期间擅离职守。

第四十八条　生产经营单位必须依法参加工伤保险，为从业人员缴纳保险费。

国家鼓励生产经营单位投保安全生产责任保险。

(五)生产安全事故的应急救援与调查处理

第七十八条　生产经营单位应当制定本单位生产安全事故应急救援预案,与所在地县级以上地方人民政府组织制定的生产安全事故应急救援预案相衔接,并定期组织演练。

第七十九条　危险物品的生产、经营、储存单位以及矿山、金属冶炼、城市轨道交通运营、建筑施工单位应当建立应急救援组织;生产经营规模较小的,可以不建立应急救援组织,但应当指定兼职的应急救援人员。

危险物品的生产、经营、储存、运输单位以及矿山、金属冶炼、城市轨道交通运营、建筑施工单位应当配备必要的应急救援器材、设备和物资,并进行经常性维护、保养,保证正常运转。

第八十条　生产经营单位发生生产安全事故后,事故现场有关人员应当立即报告本单位负责人。

单位负责人接到事故报告后,应当迅速采取有效措施,组织抢救,防止事故扩大,减少人员伤亡和财产损失,并按照国家有关规定立即如实报告当地负有安全生产监督管理职责的部门,不得隐瞒不报、谎报或者迟报,不得故意破坏事故现场、毁灭有关证据。

第八十三条　事故调查处理应当按照科学严谨、依法依规、实事求是、注重实效的原则,及时、准确地查清事故原因,查明事故性质和责任,总结事故教训,提出整改措施,并对事故责任者提出处理意见。事故调查报告应当依法及时向社会公布。事故调查和处理的具体办法由国务院制定。

事故发生单位应当及时全面落实整改措施,负有安全生产监督管理职责的部门应当加强监督检查。

第八十四条　生产经营单位发生生产安全事故,经调查确定为责任事故的,除了应当查明事故单位的责任并依法予以追究外，还应当查明对安全生产的有关事项负有审查批准和监督职责的行政部门的责任，对有失职、渎职行为的，依照本法第八十七条的规定追究法律责任。

第八十五条　任何单位和个人不得阻挠和干涉对事故的依法调查处理。

（六）法律责任

第九十条　生产经营单位的决策机构、主要负责人或者个人经营的投资人不依照本法规定保证安全生产所必需的资金投入，致使生产经营单位不具备安全生产条件的，责令限期改正，提供必需的资金；逾期未改正的，责令生产经营单位停产停业整顿。

有前款违法行为，导致发生生产安全事故的，对生产经营单位的主要负责人给予撤职处分，对个人经营的投资人处二万元以上二十万元以下的罚款；构成犯罪的，依照刑法有关规定追究刑事责任。

第九十一条　生产经营单位的主要负责人未履行本法规定的安全生产管理职责的，责令限期改正；逾期未改正的，处二万元以上五万元以下的罚款，责令生产经营单位停产停业整顿。

生产经营单位的主要负责人有前款违法行为，导致发生生产安全事故的，给予撤职处分；构成犯罪的，依照刑法有关规定追究刑事责任。

生产经营单位的主要负责人依照前款规定受刑事处罚或者撤职处分的，自刑罚执行完毕或者受处分之日起，五年内不得担任任何生产经营单位的主要负责人；对重大、特别重大生产安全事故负有责任的，终身不得担任本行业生产经营单位的主要负责人。

第九十二条　生产经营单位的主要负责人未履行本法规定的安全生产管理职责，导致发生生产安全事故的，由安全生产监督管理部门依照下列规定处以罚款：

（1）发生一般事故的，处上一年年收入百分之三十的罚款；

（2）发生较大事故的，处上一年年收入百分之四十的罚款；

（3）发生重大事故的，处上一年年收入百分之六十的罚款；

（4）发生特别重大事故的，处上一年年收入百分之八十的罚款。

第九十三条　生产经营单位的安全生产管理人员未履行本法规定的安全生产管理职责的，责令限期改正；导致发生生产安全事故的，暂停或者撤销其与安全生产有关的资格；构成犯罪的，依照刑法有关规定追究刑事责任。

第九十四条　生产经营单位有下列行为之一的，责令限期改正，可以处五万元以下的罚款；逾期未改正的，责令停产停业整顿，并处五万元以上十万元以下的罚款，对其直接负责的主管人员和其他直接责任人员处一万元以上二万元以下的罚款：

（1）未按照规定设置安全生产管理机构或者配备安全生产管理人员的；

（2）危险物品的生产、经营、储存单位以及矿山、金属冶炼、建筑施工、道路运输单位的主要负责人和安全生产管理人员未按照规定经考核合格的；

（3）未按照规定对从业人员、被派遣劳动者、实习学生进行安全生产教育和培训，或者未按照规定如实告知有关的安全生产事项的；

（4）未如实记录安全生产教育和培训情况的；

（5）未将事故隐患排查治理情况如实记录或者未向从业人员通报的；

（6）未按照规定制定生产安全事故应急救援预案或者未定期组织演练的；

（7）特种作业人员未按照规定经专门的安全作业培训并取得

相应资格,上岗作业的。

第九十五条　生产经营单位有下列行为之一的,责令停止建设或者停产停业整顿,限期改正;逾期未改正的,处五十万元以上一百万元以下的罚款,对其直接负责的主管人员和其他直接责任人员处二万元以上五万元以下的罚款;构成犯罪的,依照刑法有关规定追究刑事责任:

(1)未按照规定对矿山、金属冶炼建设项目或者用于生产、储存、装卸危险物品的建设项目进行安全评价的;

(2)矿山、金属冶炼建设项目或者用于生产、储存、装卸危险物品的建设项目没有安全设施设计或者安全设施设计未按照规定报经有关部门审查同意的;

(3)矿山、金属冶炼建设项目或者用于生产、储存、装卸危险物品的建设项目的施工单位未按照批准的安全设施设计施工的;

(4)矿山、金属冶炼建设项目或者用于生产、储存危险物品的建设项目竣工投入生产或者使用前,安全设施未经验收合格的。

第九十六条　生产经营单位有下列行为之一的,责令限期改正,可以处五万元以下的罚款;逾期未改正的,处五万元以上二十万元以下的罚款,对其直接负责的主管人员和其他直接责任人员处一万元以上二万元以下的罚款;情节严重的,责令停产停业整顿;构成犯罪的,依照刑法有关规定追究刑事责任:

(1)未在有较大危险因素的生产经营场所和有关设施、设备上设置明显的安全警示标志的;

(2)安全设备的安装、使用、检测、改造和报废不符合国家标准或者行业标准的;

(3)未对安全设备进行经常性维护、保养和定期检测的;

(4)未为从业人员提供符合国家标准或者行业标准的劳动防护用品的;

(5)危险物品的容器、运输工具,以及涉及人身安全、危险性较大的海洋石油开采特种设备和矿山井下特种设备未经具有专业资质的机构检测、检验合格，取得安全使用证或者安全标志，投入使用的；

(6)使用应当淘汰的危及生产安全的工艺、设备的。

第九十七条　未经依法批准，擅自生产、经营、运输、储存、使用危险物品或者处置废弃危险物品的，依照有关危险物品安全管理的法律、行政法规的规定予以处罚；构成犯罪的，依照刑法有关规定追究刑事责任。

第九十八条　生产经营单位有下列行为之一的，责令限期改正，可以处十万元以下的罚款；逾期未改正的，责令停产停业整顿，并处十万元以上二十万元以下的罚款，对其直接负责的主管人员和其他直接责任人员处二万元以上五万元以下的罚款；构成犯罪的，依照刑法有关规定追究刑事责任：

(1)生产、经营、运输、储存、使用危险物品或者处置废弃危险物品，未建立专门安全管理制度、未采取可靠的安全措施的；

(2)对重大危险源未登记建档，或者未进行评估、监控，或者未制定应急预案的；

(3)进行爆破、吊装以及国务院安全生产监督管理部门会同国务院有关部门规定的其他危险作业，未安排专门人员进行现场安全管理的；

(4)未建立事故隐患排查治理制度的。

第九十九条　生产经营单位未采取措施消除事故隐患的，责令立即消除或者限期消除；生产经营单位拒不执行的，责令停产停业整顿，并处十万元以上五十万元以下的罚款，对其直接负责的主管人员和其他直接责任人员处二万元以上五万元以下的罚款。

第一百条　生产经营单位将生产经营项目、场所、设备发包或者出租给不具备安全生产条件或者相应资质的单位或者个人的，责令限期改正，没收违法所得；违法所得十万元以上的，并处

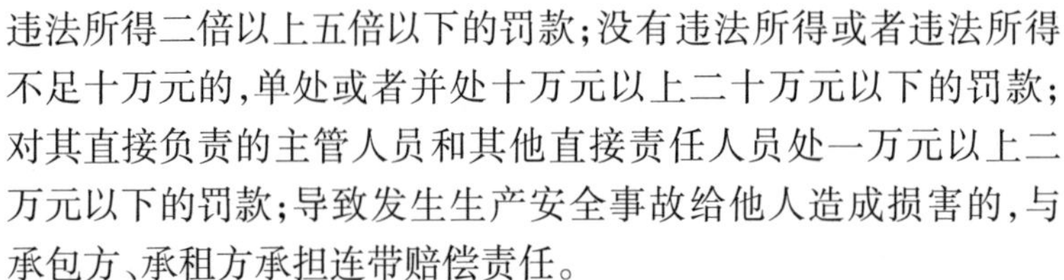

违法所得二倍以上五倍以下的罚款;没有违法所得或者违法所得不足十万元的,单处或者并处十万元以上二十万元以下的罚款;对其直接负责的主管人员和其他直接责任人员处一万元以上二万元以下的罚款;导致发生生产安全事故给他人造成损害的,与承包方、承租方承担连带赔偿责任。

生产经营单位未与承包单位、承租单位签订专门的安全生产管理协议或者未在承包合同、租赁合同中明确各自的安全生产管理职责,或者未对承包单位、承租单位的安全生产统一协调、管理的,责令限期改正,可以处五万元以下的罚款,对其直接负责的主管人员和其他直接责任人员可以处一万元以下的罚款;逾期未改正的,责令停产停业整顿。

第一百零一条　两个以上生产经营单位在同一作业区域内进行可能危及对方安全生产的生产经营活动,未签订安全生产管理协议或者未指定专职安全生产管理人员进行安全检查与协调的,责令限期改正,可以处五万元以下的罚款,对其直接负责的主管人员和其他直接责任人员可以处一万元以下的罚款;逾期未改正的,责令停产停业。

第一百零二条　生产经营单位有下列行为之一的,责令限期改正,可以处五万元以下的罚款,对其直接负责的主管人员和其他直接责任人员可以处一万元以下的罚款;逾期未改正的,责令停产停业整顿;构成犯罪的,依照刑法有关规定追究刑事责任:

(1)生产、经营、储存、使用危险物品的车间、商店、仓库与员工宿舍在同一座建筑内,或者与员工宿舍的距离不符合安全要求的;

(2)生产经营场所和员工宿舍未设有符合紧急疏散需要、标志明显、保持畅通的出口,或者锁闭、封堵生产经营场所或者员工宿舍出口的。

第一百零三条　生产经营单位与从业人员订立协议,免除或者减轻其对从业人员因生产安全事故伤亡依法应承担的责任的,该协议无效；对生产经营单位的主要负责人、个人经营的投资人处二万元以上十万元以下的罚款。

第一百零四条　生产经营单位的从业人员不服从管理，违反安全生产规章制度或者操作规程的，由生产经营单位给予批评教育，依照有关规章制度给予处分；构成犯罪的，依照刑法有关规定追究刑事责任。

第一百零五条　违反本法规定，生产经营单位拒绝、阻碍负有安全生产监督管理职责的部门依法实施监督检查的，责令改正；拒不改正的，处二万元以上二十万元以下的罚款；对其直接负责的主管人员和其他直接责任人员处一万元以上二万元以下的罚款；构成犯罪的，依照刑法有关规定追究刑事责任。

第一百零六条　生产经营单位的主要负责人在本单位发生生产安全事故时，不立即组织抢救或者在事故调查处理期间擅离职守或者逃匿的，给予降级、撤职的处分，并由安全生产监督管理部门处上一年年收入百分之六十至百分之一百的罚款；对逃匿的处十五日以下拘留；构成犯罪的，依照刑法有关规定追究刑事责任。

生产经营单位的主要负责人对生产安全事故隐瞒不报、谎报或者迟报的，依照前款规定处罚。

第一百零七条　有关地方人民政府、负有安全生产监督管理职责的部门，对生产安全事故隐瞒不报、谎报或者迟报的，对直接负责的主管人员和其他直接责任人员依法给予处分；构成犯罪的，依照刑法有关规定追究刑事责任。

第一百零八条　生产经营单位不具备本法和其他有关法律、行政法规和国家标准或者行业标准规定的安全生产条件，经停产停业整顿仍不具备安全生产条件的，予以关闭；有关部门应当依法吊销其有关证照。

第一百零九条　发生生产安全事故，对负有责任的生产经营单位除要求其依法承担相应的赔偿等责任外，由安全生产监督管理部门依照下列规定处以罚款：

(1)发生一般事故的，处二十万元以上五十万元以下的罚款；

(2)发生较大事故的，处五十万元以上一百万元以下的罚款；

(3)发生重大事故的，处一百万元以上五百万元以下的罚款；

(4)发生特别重大事故的，处五百万元以上一千万元以下的罚款；情节特别严重的，处一千万元以上二千万元以下的罚款。

第一百一十条　本法规定的行政处罚，由安全生产监督管理部门和其他负有安全生产监督管理职责的部门按照职责分工决定。予以关闭的行政处罚由负有安全生产监督管理职责的部门报请县级以上人民政府按照国务院规定的权限决定；给予拘留的行政处罚由公安机关依照治安管理处罚法的规定决定。

第一百一十一条　生产经营单位发生生产安全事故造成人员伤亡、他人财产损失的，应当依法承担赔偿责任；拒不承担或者其负责人逃匿的，由人民法院依法强制执行。

生产安全事故的责任人未依法承担赔偿责任，经人民法院依法采取执行措施后，仍不能对受害人给予足额赔偿的，应当继续履行赔偿义务；受害人发现责任人有其他财产的，可以随时请求人民法院执行。

二、《中华人民共和国道路运输条例》

《中华人民共和国道路运输条例》是 2004 年 4 月 14 日国务院第 48 次常务会议通过的文件，2004 年 4 月 30 日中华人民共和国国务院令第 406 号公布，2004 年 7 月 1 日施行，根据 2012 年 11 月 9 日中华人民共和国国务院令第 628 号《国务院关于修改和废止部分行政法规的决定》修正，2013 年 1 月 1 日起施行。

《中华人民共和国道路运输条例》相关内容如下。

❶ 道路运输相关业务

(1)申请从事道路运输站(场)经营的,应当具备下列条件:

①有经验收合格的运输站(场);

②有相应的专业人员和管理人员;

③有相应的设备、设施;

④有健全的业务操作规程和安全管理制度。

(2)申请从事道路运输站(场)经营、机动车维修经营和机动车驾驶员培训业务的,应当向所在地县级道路运输管理机构提出申请,并分别附送符合本条例第三十七条、第三十八条、第三十九条规定条件的相关材料。县级道路运输管理机构应当自受理申请之日起15日内审查完毕,作出许可或者不予许可的决定,并书面通知申请人。

道路运输站(场)经营者、机动车维修经营者和机动车驾驶员培训机构,应当持许可证明依法向工商行政管理机关办理有关登记手续。

(3)道路运输站(场)经营者应当对出站的车辆进行安全检查,禁止无证经营的车辆进站从事经营活动,防止超载车辆或者未经安全检查的车辆出站。

道路运输站(场)经营者应当公平对待使用站(场)的客运经营者和货运经营者,无正当理由不得拒绝道路运输车辆进站从事经营活动。

道路运输站(场)经营者应当向旅客和货主提供安全、便捷、优质的服务;保持站(场)卫生、清洁;不得随意改变站(场)用途和服务功能。

(4)道路旅客运输站(场)经营者应当为客运经营者合理安排班次,公布其运输线路、起止经停站点、运输班次、始发时间、票

价，调度车辆进站、发车，疏导旅客，维持上下车秩序。

道路旅客运输站（场）经营者应当设置旅客购票、候车、行李寄存和托运等服务设施，按照车辆核定载客限额售票，并采取措施防止携带危险品的人员进站乘车。

（5）道路货物运输站（场）经营者应当按照国务院交通主管部门规定的业务操作规程装卸、储存、保管货物。

❷ 法律责任

（1）违反本条例的规定，未经许可擅自从事道路运输站（场）经营、机动车维修经营、机动车驾驶员培训的，由县级以上道路运输管理机构责令停止经营；有违法所得的，没收违法所得，处违法所得 2 倍以上 10 倍以下的罚款；没有违法所得或者违法所得不足 1 万元的，处 2 万元以上 5 万元以下的罚款；构成犯罪的，依法追究刑事责任。

（2）违反本条例的规定，道路运输站（场）经营者允许无证经营的车辆进站从事经营活动以及超载车辆、未经安全检查的车辆出站或者无正当理由拒绝道路运输车辆进站从事经营活动的，由县级以上道路运输管理机构责令改正，处 1 万元以上 3 万元以下的罚款。

（3）违反本条例的规定，道路运输站（场）经营者擅自改变道路运输站（场）的用途和服务功能，或者不公布运输线路、起止经停站点、运输班次、始发时间、票价的，由县级以上道路运输管理机构责令改正；拒不改正的，处 3000 元的罚款；有违法所得的，没收违法所得。

三、《生产安全事故报告和调查处理条例》

《生产安全事故报告和调查处理条例》于 2007 年 3 月 28 日

国务院第172次常务会议通过，自2007年6月1日起施行。

《生产安全事故报告和调查处理条例》共6章46条，包括总则、事故报告、事故调查、事故处理、法律责任和附则。《生产安全事故报告和调查处理条例》相关规定如下。

(1)事故报告应当及时、准确、完整，任何单位和个人对事故不得迟报、漏报、谎报或者瞒报。

事故调查处理应当坚持实事求是、尊重科学的原则，及时、准确地查清事故经过、事故原因和事故损失，查明事故性质，认定事故责任，总结事故教训，提出整改措施，并对事故责任者依法追究责任。

(2)根据生产安全事故(以下简称事故)造成的人员伤亡或者直接经济损失，事故一般分为以下等级：

①特别重大事故，是指造成30人以上死亡，或者100人以上重伤(包括急性工业中毒，下同)，或者1亿元以上直接经济损失的事故；

②重大事故，是指造成10人以上30人以下死亡，或者50人以上100人以下重伤，或者5000万元以上1亿元以下直接经济损失的事故；

③较大事故，是指造成3人以上10人以下死亡，或者10人以上50人以下重伤，或者1000万元以上5000万元以下直接经济损失的事故；

④一般事故，是指造成3人以下死亡，或者10人以下重伤，或者1000万元以下直接经济损失的事故。

(3)事故发生后，事故现场有关人员应当立即向本单位负责人报告；单位负责人接到报告后，应当于1h内向事故发生地县级以上人民政府安全生产监督管理部门和负有安全生产监督管理职责的有关部门报告。

情况紧急时，事故现场有关人员可以直接向事故发生地县级以上人民政府安全生产监督管理部门和负有安全生产监督管理职责的有关部门报告。

(4)报告事故应当包括下列内容:

①事故发生单位概况;

②事故发生的时间、地点以及事故现场情况;

③事故的简要经过;

④事故已经造成或者可能造成的伤亡人数(包括下落不明的人数)和初步估计的直接经济损失;

⑤已经采取的措施;

⑥其他应当报告的情况。

(5)事故报告后出现新情况的,应当及时补报。

自事故发生之日起 30 日内,事故造成的伤亡人数发生变化的,应当及时补报。道路交通事故、火灾事故自发生之日起 7 日内,事故造成的伤亡人数发生变化的,应当及时补报。

(6)事故发生单位负责人接到事故报告后,应当立即启动事故相应应急预案,或者采取有效措施,组织抢救,防止事故扩大,减少人员伤亡和财产损失。

(7)事故发生后,有关单位和人员应当妥善保护事故现场以及相关证据,任何单位和个人不得破坏事故现场、毁灭相关证据。

因抢救人员、防止事故扩大以及疏通交通等原因,需要移动事故现场物件的,应当做出标志,绘制现场简图并做出书面记录,妥善保存现场重要痕迹、物证。

(8)事故调查组有权向有关单位和个人了解与事故有关的情况,并要求其提供相关文件、资料,有关单位和个人不得拒绝。

事故发生单位的负责人和有关人员在事故调查期间不得擅离职守,并应当随时接受事故调查组的询问,如实提供有关情况。

事故调查中发现涉嫌犯罪的,事故调查组应当及时将有关材料或者其复印件移交司法机关处理。

(9)事故发生单位应当按照负责事故调查的人民政府的批复,对本单位负有事故责任的人员进行处理。

负有事故责任的人员涉嫌犯罪的,依法追究刑事责任。

(10)事故发生单位应当认真吸取事故教训,落实防范和整改措施,防止事故再次发生。防范和整改措施的落实情况应当接受工会和职工的监督。

四、《道路货物运输及站场管理规定》

2005 年 6 月 16 日交通部发布,根据 2008 年 7 月 23 日交通运输部《关于修改〈道路货物运输及站场管理规定〉的决定》第一次修正,根据 2009 年 4 月 20 日交通运输部《关于修改〈道路货物运输及站场管理规定〉的决定》第二次修正,根据 2012 年 3 月 14 日交通运输部《关于修改〈道路货物运输及站场管理规定〉的决定》第三次修正,根据 2016 年 4 月 11 日交通运输部《关于修改〈道路货物运输及站场管理规定〉的决定》第四次修正。

《道路货物运输及站场管理规定》相关内容如下。

❶ 经营许可

(1)申请从事货运站经营的,应当具备下列条件:

①有与其经营规模相适应的货运站房、生产调度办公室、信息管理中心、仓库、仓储库棚、场地和道路等设施,并经有关部门组织的工程竣工验收合格;

②有与其经营规模相适应的安全、消防、装卸、通讯、计量等设备;

③有与其经营规模、经营类别相适应的管理人员和专业技术人员;

④有健全的业务操作规程和安全生产管理制度。

(2)申请从事货运站经营的,应当依法向工商行政管理机关办理有关登记手续后,向县级道路运输管理机构提出申请,并提供以下材料:

①《道路货物运输站(场)经营申请表》;

②负责人身份证明,经办人的身份证明和委托书;

③经营道路货运站的土地、房屋的合法证明;

④货运站竣工验收证明;

⑤与业务相适应的专业人员和管理人员的身份证明、专业证书;

⑥业务操作规程和安全生产管理制度文本。

(3)道路运输管理机构应当按照《中华人民共和国道路运输条例》、《交通行政许可实施程序规定》和本规定规范的程序实施道路货物运输经营和货运站经营的行政许可。

(4)道路运输管理机构对符合法定条件的道路货物运输经营申请作出准予行政许可决定的,应当出具《道路货物运输经营行政许可决定书》,明确许可事项。在10日内向被许可人颁发《道路运输经营许可证》,在《道路运输经营许可证》上注明经营范围。

道路运输管理机构对符合法定条件的货运站经营申请作出准予行政许可决定的,应当出具《道路货物运输站(场)经营行政许可决定书》,明确许可事项。在10日内向被许可人颁发《道路运输经营许可证》,在《道路运输经营许可证》上注明经营范围。

对道路货物运输和货运站经营不予许可的,应当向申请人出具《不予交通行政许可决定书》。

(5)道路货物运输经营者和货运站经营者应当持《道路运输经营许可证》依法向工商行政管理机关办理有关登记手续。

(6)道路货物运输和货运站经营者需要终止经营的,应当在终止经营之日30日前告知原许可的道路运输管理机构,并办理有关注销手续。

❷ 货运站经营管理

(1)货运站经营者应当按照经营许可证核定的许可事项经营,不得随意改变货运站用途和服务功能。

(2)货运站经营者应当依法加强安全管理,完善安全生产条件,健全和落实安全生产责任制。

货运站经营者应当对出站车辆进行安全检查,防止超载车辆或者未经安全检查的车辆出站,保证安全生产。

(3)货运站经营者应当按照货物的性质、保管要求进行分类存放,危险货物应当单独存放,保证货物完好无损。

(4)货物运输包装应当按照国家规定的货物运输包装标准作业,包装物和包装技术、质量要符合运输要求。

(5)货运站经营者应当按照规定的业务操作规程进行货物的搬运装卸。搬运装卸作业应当轻装、轻卸,堆放整齐,防止混杂、撒漏、破损,严禁有毒、易污染物品与食品混装。

(6)货运站经营者应当严格执行价格规定,在经营场所公布收费项目和收费标准。严禁乱收费。

(7)进入货运站经营的经营业户及车辆,经营手续必须齐全。

货运站经营者应当公平对待使用货运站的道路货物运输经营者,禁止无证经营的车辆进站从事经营活动,无正当理由不得拒绝道路货物运输经营者进站从事经营活动。

(8)货运站经营者不得垄断货源、抢装货物、扣押货物。

(9)货运站要保持清洁卫生,各项服务标志醒目。

(10)货运站经营者经营配载服务应当坚持自愿原则,提供的货源信息和运力信息应当真实、准确。

(11)货运站经营者不得超限、超载配货,不得为无道路运输经营许可证或证照不全者提供服务;不得违反国家有关规定,为运输车辆装卸国家禁运、限运的物品。

(12)货运站经营者应当制定有关突发公共事件的应急预案。应急预案应当包括报告程序、应急指挥、应急车辆和设备的储备以及处置措施等内容。

(13)货运站经营者应当建立和完善各类台账和档案,并按要求报送有关信息。

❸ 监督检查

道路运输管理人员在货运站、货物集散地实施监督检查过程中,发现货运车辆有超载行为的,应当立即予以制止,装载符合标准后方可放行。

❹ 法律责任

(1)违反本规定,道路货物运输和货运站经营者非法转让、出租道路运输经营许可证件的,由县级以上道路运输管理机构责令停止违法行为,收缴有关证件,处2000元以上1万元以下的罚款;有违法所得的,没收违法所得。

(2)违反本规定,道路货物运输经营者、货运站经营者已不具备开业要求的有关安全条件、存在重大运输安全隐患的,由县级以上道路运输管理机构限期责令改正;在规定时间内不能按要求改正且情节严重的,由原许可机关吊销《道路运输经营许可证》或者吊销其相应的经营范围。

(3)违反本规定,有下列行为之一的,由县级以上道路运输管理机构责令停止经营;有违法所得的,没收违法所得,处违法所得2倍以上10倍以下的罚款;没有违法所得或者违法所得不足1万元的,处2万元以上5万元以下的罚款;构成犯罪的,依法追究刑事责任:

①未取得货运站经营许可,擅自从事货运站经营的;

②使用失效、伪造、变造、被注销等无效的道路运输经营许可证件从事货运站经营的;

③超越许可的事项，从事货运站经营的。

(4)违反本规定，货运站经营者对超限、超载车辆配载，放行出站的，由县级以上道路运输管理机构责令改正，处1万元以上3万元以下的罚款。

(5)违反本规定，货运站经营者擅自改变道路运输站(场)的用途和服务功能，由县级以上道路运输管理机构责令改正；拒不改正的，处3000元的罚款；有违法所得的，没收违法所得。

五、《安全生产事故隐患排查治理暂行规定》

《安全生产事故隐患排查治理暂行规定》于2007年12月22日由国家安全生产监督管理总局以第16号令公布，自2008年2月1日起施行。

《安全生产事故隐患排查治理暂行规定》相关内容如下。

(1)事故隐患分为一般事故隐患和重大事故隐患。一般事故隐患，是指危害和整改难度较小，发现后能够立即整改排除的隐患。重大事故隐患，是指危害和整改难度较大，应当全部或者局部停产停业，并经过一定时间整改治理方能排除的隐患，或者因外部因素影响致使生产经营单位自身难以排除的隐患。

(2)生产经营单位应当建立健全事故隐患排查治理制度。生产经营单位主要负责人对本单位事故隐患排查治理工作全面负责。

(3)生产经营单位是事故隐患排查、治理和防控的责任主体。

生产经营单位应当建立健全事故隐患排查治理和建档监控等制度，逐级建立并落实从主要负责人到每个从业人员的隐患排查治理和监控责任制。

(4)生产经营单位应当保证事故隐患排查治理所需的资金，建立资金使用专项制度。

(5)生产经营单位应当定期组织安全生产管理人员、工程技

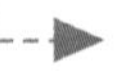

术人员和其他相关人员排查本单位的事故隐患。对排查出的事故隐患,应当按照事故隐患的等级进行登记,建立事故隐患信息档案,并按照职责分工实施监控治理。

(6)生产经营单位应当建立事故隐患报告和举报奖励制度,鼓励、发动职工发现和排除事故隐患,鼓励社会公众举报。对发现、排除和举报事故隐患的有功人员,应当给予物质奖励和表彰。

(7)生产经营单位应当每季、每年对本单位事故隐患排查治理情况进行统计分析,并分别于下一季度15日前和下一年1月31日前向安全监管监察部门和有关部门报送书面统计分析表。统计分析表应当由生产经营单位主要负责人签字。

对于重大事故隐患,生产经营单位除依照前款规定报送外,应当及时向安全监管监察部门和有关部门报告。重大事故隐患报告内容应当包括:

①隐患的现状及其产生原因;

②隐患的危害程度和整改难易程度分析;

③隐患的治理方案。

(8)生产经营单位及其主要负责人未履行事故隐患排查治理职责,导致发生生产安全事故的,依法给予行政处罚。

(9)生产经营单位违反本规定,有下列行为之一的,由安全监管监察部门给予警告,并处3万元以下的罚款:

①未建立安全生产事故隐患排查治理等各项制度的;

②未按规定上报事故隐患排查治理统计分析表的;

③未制定事故隐患治理方案的;

④重大事故隐患不报或者未及时报告的;

⑤未对事故隐患进行排查治理擅自生产经营的;

⑥整改不合格或者未经安全监管监察部门审查同意擅自恢复生产经营的。

第二章 生产经营单位安全生产主体责任

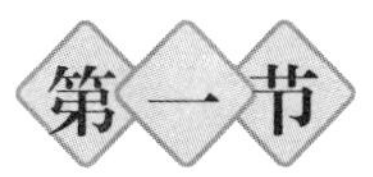

第一节 安全生产主体责任概述

生产经营单位是生产经营活动的主体，也是安全生产工作责任的直接承担主体。《中华人民共和国安全生产法》(以下简称《安全生产法》)第三条规定：安全生产工作应当以人为本，坚持安全发展，坚持安全第一、预防为主、综合治理的方针，强化和落实生产经营单位的主体责任，建立生产经营单位负责、职工参与、政府监管、行业自律和社会监督的机制。生产经营单位的主体责任是指生产经营单位依照法律、法规规定，应当履行的安全生产法定职责和义务。

(1)依法建立安全生产管理机构。

(2)建立健全安全生产责任制和各项管理制度。

(3)持续具备法律、法规、规章、国家标准和行业标准规定的安全生产条件。

(4)确保资金投入满足安全生产需要。

(5)依法组织从业人员参加安全生产教育和培训。

(6)如实告知从业人员作业场所和工作岗位存在的危险、危害因素、防范措施和事故应急措施，教育职工自觉承担安全生产义务。

(7)为从业人员提供符合国家标准或行业标准的劳动防护用品，并监督教育从业人员按照规定佩戴和使用。

(8)对重大危险源实施有效的检测、监控。

(9)预防和减少作业场所职业危害。

(10)安全设施、设备(包括特种设备)符合安全管理的有关要求,按规定定期检测检验。

(11)依法制定生产安全事故应急救援预案,落实操作岗位应急措施。

(12)及时发现、治理和消除本单位安全事故隐患。

(13)积极采取先进的安全生产技术、设备和工艺,提高安全生产科技保障水平;确保所使用的工艺装备及相关劳动工具符合安全生产要求。

(14)保证新建、改建、扩建工程项目依法实施安全设施"三同时"。

(15)统一协调管理承包、承租单位的安全生产工作。

(16)依法参加工伤保险,为从业人员缴纳保险费。

(17)按要求上报生产安全事故,做好事故抢险救援,妥善处理对事故伤亡人员依法赔偿等事故善后工作。

(18)法律、法规规定的其他安全生产责任 。

第二节 主要负责人的安全职责及法律责任

一、主要负责人的安全职责

《安全生产法》第十八条规定,生产经营单位的主要负责人对本单位安全生产工作负有下列职责:

(1)建立、健全本单位安全生产责任制。

(2)组织制定本单位安全生产规章制度和操作规程。

(3)组织制定并实施本单位安全生产教育和培训计划。

(4)保证本单位安全生产投入的有效实施。

(5)督促、检查本单位的安全生产工作,及时消除生产安全事故隐患。

(6)组织制定并实施本单位的生产安全事故应急救援预案。

(7)及时、如实报告生产安全事故。

二、主要负责人的法律责任

(1)生产经营单位不依法投入安全生产费用的法律责任。

生产经营单位不依照规定保证安全生产所必需的资金投入,从而导致生产经营单位不具备安全生产条件,对于有违法行为的,首先应由负责安全管理监督管理的部门责令其在规定的期限内纠正违法行为,提供生产经营单位应当具备的安全生产条件所必需的资金。

如果违法行为人在规定的期限内仍未改正的,责令生产经营单位停产停业整顿。责令停产停业,是指行政执法机关对违反行政管理秩序的企业事业单位,依法在一定期限内暂停其从事有关生产经营活动的行政处罚。

导致发生生产安全事故的,对生产经营单位的主要负责人给予其撤职处分,对个人经营的投资人处 2 万元以上 20 万元以下的罚款。

(2)生产经营单位主要负责人不履行安全生产管理职责的法律责任。

生产经营单位主要负责人不履行安全生产管理职责的,行政执法机关责其在规定期限内,依照规定履行其应尽的安全生产管理职责。在规定的期限内,生产经营单位的主要负责人仍然未按规定纠正违法行为,履行其职责的,对其处 2 万元以上 5 万元以下的罚款。

生产经营单位主要负责人未履行安全生产管理职责，导致发生生产安全事故的，给予其撤职处分。构成犯罪的，依照《刑法》有关规定追究刑事责任。

生产经营单位主要负责人依照规定受刑事处罚或者撤职处分的，自刑罚执行完毕或者受处分之日起，5 年内不得担任任何生产经营单位的主要负责人。对重大、特别重大生产安全事故负有责任的，终身不得担任本行业生产经营单位的主要负责人。

(3)对生产经营单位主要负责人不立即组织抢救、擅离职守或者逃匿的处罚。

①予以降级、撤职的处分。具体给予降级还是撤职处分，则根据行为人的违法情节进一步确定，同时对该主要负责人处其上一年收入 60% ~100% 的罚款。

②对于发生事故后逃匿的，由公安机关依照治安管理处罚法规定的程序处 15 日以下拘留。

③构成犯罪的，依照《刑法》有关规定追究刑事责任。

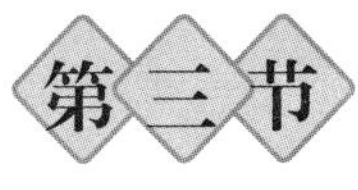

第三节 安全生产管理人员的安全职责和法律责任

一、安全生产管理人员安全职责

《安全生产法》第二十二条规定，生产经营单位的安全生产管理机构以及安全生产管理人员履行下列职责：

(1)组织或者参与拟订本单位安全生产规章制度、操作规程和生产安全事故应急救援预案。

(2)组织或者参与本单位安全生产教育和培训，如实记录安全生产教育和培训情况。

(3)督促落实本单位重大危险源的安全管理措施。

(4)组织或者参与本单位应急救援演练。

(5)检查本单位的安全生产状况,及时排查生产安全事故隐患,提出改进安全生产管理的建议。

(6)制止和纠正违章指挥、强令冒险作业、违反操作规程的行为。

(7)督促落实本单位安全生产整改措施。

二、安全生产管理人员的法律责任

《安全生产法》第二十三条规定,生产经营单位的安全生产管理机构以及安全生产管理人员应当恪尽职守,依法履行职责。

安全生产管理人员应依法履行安全生产管理职责,生产经营单位也要为安全生产管理人员依法履行职责提供便利,同事也要督促其依法履行职责。安全生产管理人员未依法履行安全生产管理职责的,有关部门应当责令其限期改正。

安全生产管理人员未履行本法规规定的安全生产管理职责而导致发生安全生产事故的,暂停或撤销其与安全生产有关的资格。生产经营单位可以依法暂停该安全管理人员负责安全管理工作,也可以依法对其进行撤换。安全生产管理人员构成犯罪的,依照《刑法》有关规定追究刑事责任。

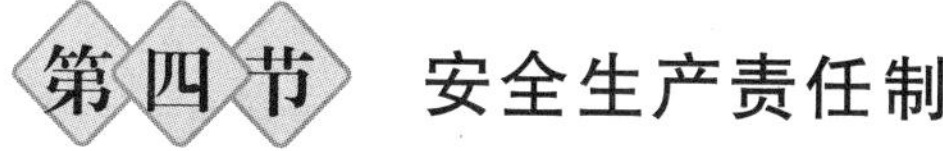

第四节　安全生产责任制

一、定义

安全生产责任制是根据我国的安全生产方针“安全第一,预防为主,综合治理”和安全生产法规建立的各级领导、职能部门、

技术管理人员、岗位作业人员在劳动生产过程中对安全生产层层负责的制度。安全生产责任制是企业岗位责任制的一个组成部分，是企业中最基本的一项安全制度，也是企业安全生产、劳动保护管理制度的核心。建立健全安全生产责任制，是将企业安全纳入企业运输生产活动的各个环节，实现全员参与、全面、全过程的安全管理，保证企业实现安全运营。

二、具体职责

安全生产责任制具体职责如下：

(1)企业单位的各级领导人员在管理生产的同时，必须负责管理安全工作，认真贯彻执行国家有关劳动保护的法令和制度，在计划、布置、检查、总结、评比生产的时候，同时计划、布置、检查、总结、评比安全工作。

(2)企业单位中的生产、技术、设计、供销、运输、财务等各有关专职机构，都应该在各自业务范围内，对实现安全生产的要求负责。

(3)企业单位应该根据实际情况加强劳动保护工作机构或专职人员的工作。劳动保护工作机构或专职人员的职责是：

①协助领导组织推动生产中的安全工作，贯彻执行劳动保护的法令、制度；

②汇总和审查安全技术措施计划，并且督促有关部门切实按期执行；

③组织和协助有关部门制定或修订安全生产制度和安全技术操作规程，对这些制度、规程的贯彻执行进行监督检查；

④经常进行现场检查，协助解决问题，遇有特别紧急的不安全情况时，有权指令先行停止生产，并且立即报告领导研究处理；

⑤总结和推广安全生产的先进经验；

⑥对职工进行安全生产的宣传教育；

⑦指导生产小组安全员工作；

⑧督促有关部门按规定及时分发和合理使用个人防护用品、保健食品和清凉饮料；

⑨参加审查新建、改建、大修工程的设计计划，并且参加工程验收和试运转工作；

⑩参加伤亡事故的调查和处理，进行伤亡事故的统计、分析和报告，协助有关部门提出防止事故的措施，并且督促他们按期实现；

⑪组织有关部门研究执行防止职业中毒和职业病的措施；

⑫督促有关部门做好劳逸结合和女工保护工作。

(4)企业单位各生产小组都应该设有不脱产的安全员。小组安全员在生产小组长的领导和劳动保护干部的指导下，首先应当在安全生产方面以身作则，起模范带头作用，并协助小组长做好下列工作：

①经常对本组工人进行安全生产教育；

②督促他们遵守安全操作规程和各种安全生产制度；

③正确地使用个人防护用品；

④检查和维护本组的安全设备；

⑤发现生产中有不安全情况的时候，及时报告；

⑥参加事故的分析和研究，协助领导拟订防止事故的措施。

(5)企业单位的职工应该自觉地遵守安全生产规章制度，不进行违章作业，并且要随时制止他人违章作业，积极参加安全生产的各种活动，主动提出改进安全工作的意见，爱护和正确使用机器设备、工具及个人防护用品。

安全生产责任制是生产经营单位和企业岗位责任制的一个组成部分，根据“管生产必须管安全”的原则，安全生产责任制综合各种安全生产管理、安全操作制度，对生产经营单位和企业各

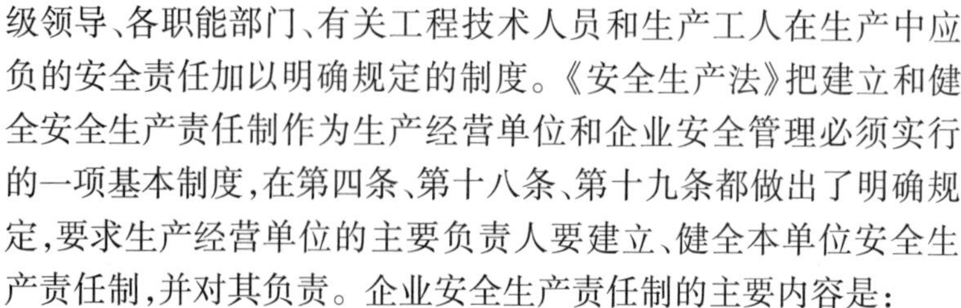

级领导、各职能部门、有关工程技术人员和生产工人在生产中应负的安全责任加以明确规定的制度。《安全生产法》把建立和健全安全生产责任制作为生产经营单位和企业安全管理必须实行的一项基本制度，在第四条、第十八条、第十九条都做出了明确规定，要求生产经营单位的主要负责人要建立、健全本单位安全生产责任制，并对其负责。企业安全生产责任制的主要内容是：

①企业主要负责人是企业安全生产的第一责任人，对安全生产负全面责任；

②企业的各级领导和生产管理人员，在管理生产的同时，必须负责管理安全工作；

③有关的职能机构和人员，必须在自己的业务工作范围内，对实现安全生产负责；

④职工必须遵守以岗位责任制为主的安全生产制度，严格遵守安全生产法规、制度，不违章作业，并有权拒绝违章指挥，险情严重时有权停止作业，采取紧急防范措施。

第三章　企业安全管理基础

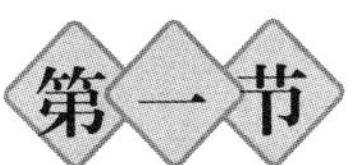

第一节　安全生产目标管理

企业的发展一般都设定目标,而企业发展所设定的目标其实是一个目标体系,其中主要是两类目标:一类是生产发展、效益提高,市场占有,企业竞争力提升的目标;另一类就是安全生产,它包括安全目标方针、工伤事故的指标、尘毒、噪声等,职业危害作业场所的合格率以及日常安全管理对策措施等。可见,企业安全生产方面的目标是企业整个发展目标体系的重要组成部分,是企业发展的重要目标。

一、安全目标管理的特点

安全生产目标管理以现代管理理论为基础,以系统理论为指导,以科学方法为手段,根据企业生产经营的总目标和上级对安全生产的要求,建立各层次的安全生产目标,并进行纵向沟通和横向协调,尽量使个人安全生产目标与企业总的安全生产目标一致,形成一个连接在一起的安全目标网络体系。安全生产目标体系由总目标、分目标和子目标构成。通过安全生产目标体系的建立和实施,可以把人和目标的实现紧密地连接在一起,激发各级责任者为实现目标而自觉地采取措施,来提高全员的安全意识。安全目标管理的目的在于通过层层分解和设定目标,建立自上而

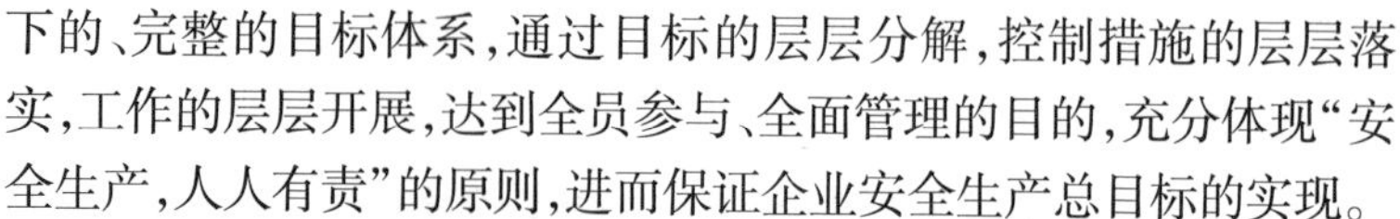
下的、完整的目标体系，通过目标的层层分解，控制措施的层层落实，工作的层层开展，达到全员参与、全面管理的目的，充分体现“安全生产，人人有责”的原则，进而保证企业安全生产总目标的实现。

二、安全生产目标设定的依据和原则

安全生产目标的设定是安全生产目标管理的核心。设定的目标是否得当，关系着安全管理的成效，影响着职工参加管理的积极性。这是一个很重要的环节。

❶ 安全生产目标设定的依据

(1)国家的有关法律、法规、规范性文件、政策、法令等。

(2)安全生产监督管理部门的要求。

(3)上级管理部门的劳动保护工作方针、政策和要求。

(4)行业及本单位的中长期劳动保护规划。

(5)行业及本单位工伤事故和职业病统计资料与数据。

(6)本单位的安全工作和施工现场劳动条件的现状与问题。

(7)本单位的技术条件和经济条件。

❷ 安全生产目标设定的原则

(1)可行性原则。所谓可行是指目标必须切合实际，要结合本单位的技术条件和经济条件，参照本单位历年来的安全生产统计资料，通过分析论证，确定经过努力可以达到的目标。目标计划要与实际情况相一致，目标不能确定得过高或过低，应该是经过努力能够实现的。同时，要有相应的措施作保证。但是应该注意，安全管理目标设定时，有些目标是硬性规定，是必须达到的，不同于生产、销售或者人力资源的管理，可以通过上下级的协商拟订一个能够达到的合理的目标。

(2)突出重点原则。目标应切实体现本单位安全生产的关键问题，集中控制发生频率高、后果严重的工伤事故和职业病。安全目标计划应突出安全管理工作的重点，要分清主次，不能平均分配，面面俱到，对次要目标及分项目标要少而精，以免影响对关键问题的控制。

(3)综合性原则。企业制定的总目标，既要保证上级指标的完成，又要兼顾各个管理环节、部门并为职工所能接受和实现。为使决策成为最佳的目标方案，应召开职工代表大会讨论通过。企业安全生产目标，既要保证上级有关部门的安全控制指标的完成，也要兼顾企业各个环节、各个部门及每个员工的实际情况，不能顾此失彼，要使每个部门和员工都能接受。

(4)先进性原则。所谓先进，一是指要相对高于本单位前一阶段的指标；二是指标要尽可能高于国内同行业的平均水平。

(5)可量化原则。目标要尽可能做到具体、量化。这既有利于检查、评比和控制，又有利于调动职工实现目标的积极性。对于有些难于量化的目标，也应尽量规定具体要求。

(6)激励先进原则。在制定目标时，特别要注意激励先进人物，使之能突破所制定的目标，为下一年度制定新目标提供实践经验。

(7)目标与措施的对应性。目标必须有措施作保证，目标与措施必须相对应，否则，就失去了安全目标管理的科学性。

三、安全生产目标的设定

安全生产目标的设定一般由企业安全管理部门根据企业本年度安全生产工作的实际情况来确定，并经有关领导批准后实施。当然，企业在编制安全生产目标时，一定要经过广泛的论证，以确保目标的可行性。

安全生产目标的内容如图3-1所示。

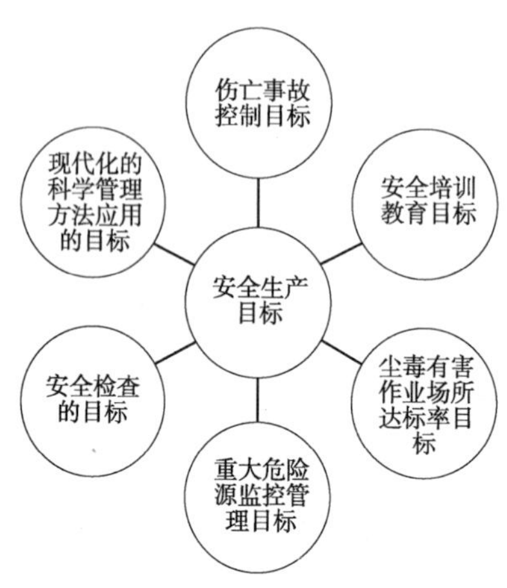

图3-1　安全生产目标的内容

(1)伤亡事故控制目标:如企业千人重伤率、千人死亡率、伤害频率和火灾事故的控制指标等。

(2)安全教育培训目标:如全员安全教育率、全员安全教育次数和教育时间、特种作业人员上岗持证率、特种作业人员教育复审率、厂长(经理)和安全管理人员上岗教育、新员工"三级"安全教育、班组长教育、变换工种教育和复岗教育等。

(3)尘毒有害作业场所达标率目标:主要指作业场所的尘毒检测合格率等。

(4)重大危险源监控管理目标:如对事故隐患整改的目标等。

(5)安全检查的目标:如安全检查的次数、特种设备检查率等。

(6)现代化的科学管理方法应用的目标:如安全检查表的运用范围、电化教育运用、事故树分析方法等。

四、安全生产目标的展开

企业安全生产总目标设定以后,必须按层次逐级进行目标的分解落实,使目标越来越具体。这种对总目标的逐级分解或细分称为目标展开。目标展开的目的在于最后形成完整的纵横方向的目标网络体系。

企业安全生产总目标确定后，还必须制定企业实现目标的措施，并把措施变成各部门、各班组和每个职工的奋斗目标，做到层层落实。通过措施的层层落实保证企业安全生产目标体系的实现，即组织动员企业全体职工共同努力，来实现企业的安全生产总目标。这项措施体系，要求把措施具体化，使企业各部门和每个职工，都明确为实现企业安全目标应该干什么、什么时候干、干到什么程度、达到什么要求。

措施体系的制定要做到安全措施与安全生产目标相对应，使每个目标值都有具体的措施保证。措施体系的形成，就是下一级为了保证上一级安全生产目标的实施必须运用一定的方法，找出本部门实现上级目标的问题点（即为了实现企业总安全生产目标所必须解决的重要问题），并采取措施解决或改进。并且为解决这些问题点而确定本部门的活动目标，一级级分层向下展开。这就是要求下级自下而上必须层层保证，越往下展开，问题和内容越具体，形成措施体系。通过这种目标展开，把企业的总目标变成各部门和每个职工的具体活动计划。

企业中各级目标的作用和地位是有区别的，一般愈是上层，其目标愈带有战略性、指导性和概括性；愈是下层，其目标愈带有战术性，其内容愈加具体。目标展开的方法：一是按目标设定的程序图所规定的层次级进行；二是把上一级的措施作为下一级的基础目标。

五、安全生产目标实施结果的考核

❶ 目标实施结果的检查

安全目标在实施过程中及完成后，都要进行检查。检查的方

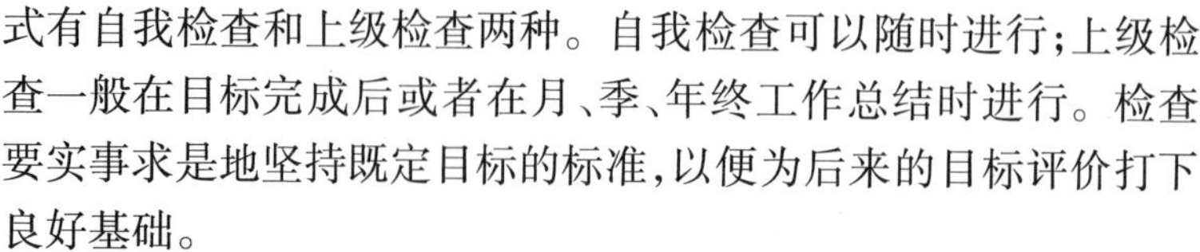

式有自我检查和上级检查两种。自我检查可以随时进行;上级检查一般在目标完成后或者在月、季、年终工作总结时进行。检查要实事求是地坚持既定目标的标准,以便为后来的目标评价打下良好基础。

❷ 目标实施结果的评价及步骤

在一个循环周期结束后,必须对目标执行结果进行评价,使达标者更加增强信心,未达标者明确今后的努力方向,推进安全目标管理不断深入。

(1)评价内容。一般包括:各执行层次对目标完成的情况、存在的各类问题、目标管理的思路和办法的优劣等。

(2)评价步骤。一般先由目标执行者对目标完成情况按照评价方法中规定的标准进行自我评定,对完成目标所实施的方案、进度、手段、条件等情况进行综合评定,总结成功经验和失败教训。其次是上级指导,上级以检查结果和目标卡为依据,在协商、讨论的基础上,对目标执行者进行指导。正确评价其结果,找出成功经验,指出挫折原因。评价结果作为奖惩依据,并要切实兑现,使安全目标管理具有持久性和严肃性。

六、搞好安全生产目标管理的要求

(1)企业领导对安全目标管理要有比较深刻的理解,要深入调查研究,结合本单位实际情况,制定好企业的总体目标,并亲自参与全过程的管理,负责对目标实施进行指挥、组织、监督和协调,发现问题,及时解决;要加强对中、基层干部的思想教育,提高他们的认识和技能,加强对他们的监督检查;要对全体职工进行宣传教育,提高他们对安全目标管理的认识;要普及安全目标管理的基本知识与技术,充分发挥广大职工在安全目标管理中的智慧和热情。

(2)企业要有完善的、系统的安全基础工作。因为企业安全基础工作的好坏，直接决定着企业安全目标制定的科学性和先进性。企业必须要有历年伤亡事故和职业病的统计分析数据等资料。只有建立和健全了这方面的基础工作，才能把安全目标管理建立在可靠的基础上。

(3)安全目标管理必须全员参加。由于安全目标管理是以目标责任者的自我控制为主，实行全员、全过程参与，并通过目标的层层分解、措施的层层落实来实现的。所以，必须充分发动群众，将企业的全体职工都严密地、科学地组织在目标体系内。没有广大职工参加，安全目标管理就失去其真正意义。

(4)要责、权、利相结合。企业在实行安全目标管理时，要明确职工在目标管理的职责，赋予他们相应的管理权力，还要给予他们应得的利益。责、权、利的有机结合，就能调动广大职工在安全目标管理的积极性和持久性。

(5)处理好安全目标管理与其他基本劳动保护管理工作的关系。安全目标管理是企业劳动保护管理的“纲”，是一定时期内企业劳动保护管理的集中体现，安全目标管理在开展活动、实现安全目标的过程中，要依靠和发挥各种基本劳动保护管理方法的作用。

第二节　安全管理机构和人员

一、概念

《安全生产法》第二十一条规定，矿山、金属冶炼、建筑施工、道路运输单位和危险物品的生产、经营、储存单位，应当设置安全生产管理机构或者配备专职安全生产管理人员。

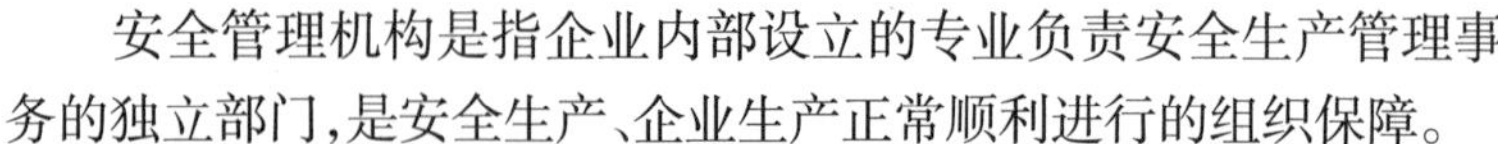

安全管理机构是指企业内部设立的专业负责安全生产管理事务的独立部门，是安全生产、企业生产正常顺利进行的组织保障。

专职安全管理人员是指企业中专门负责安全生产管理，不再兼做其他工作的人员。矿山、金属冶炼、建筑施工、道路运输单位和危险物品的生产、经营、储存单位是危险性比较大的单位，因此，必须成立专门从事安全生产管理工作的机构，或者配备专职的人员从事安全生产管理工作。

二、安全管理机构的作用

安全生产管理机构的作用是落实国家有关安全生产的法律法规，组织生产经营单位内部进行各种安全检查活动，负责日常安全检查，及时整改各种事故隐患，监督安全生产责任制的落实等。它是生产经营单位安全生产的重要组织保证。

三、安全管理机构的设置和安全管理人员的配备

❶ 安全管理机构的设置

企业应成立由主要负责人为主任的安全生产委员会，作为企业的安全生产领导机构，对本企业的安全工作全面负责。企业还应设置安全生产管理机构，具体负责企业的日常安全管理工作。

❷ 安全管理人员的配备

企业应当依法设置安全生产领导机构和管理机构，配备与本单位安全生产工作相适应的专职安全管理人员。安全管理人员要出色地完成自己职责范围内的安全管理工作，就必须具备相应的思想和业务素质。思想素质主要体现在职业道德方面，业务素质主要体现在专业知识、资历和能力方面。

1）安全管理人员的职业道德要求

（1）应有较高的思想觉悟和政策水平。

（2）遵守法律法规和规章制度。

（3）忠于职守、勇于负责、处理果断、办事认真。

（4）坚持原则、廉洁奉公、具有高度的事业心和责任感。

2）安全管理人员具备的专业知识

安全管理人员应具备一定的专业知识和其他相关知识技能。

（1）专业知识应该包括日常安全管理知识、车辆技术管理、运输工程等方面的基础知识。

（2）安全管理人员应熟悉各项安全生产法律、法规、规章、标准等要求，并按照法律法规要求运用到实际安全管理中，不断提高安全管理水平。

（3）安全管理人员还应熟悉人员救护、车辆消防、车辆保险、气象分析等其他方面的相关知识。

3）安全管理人员应具备的资历

安全管理人员应具有在运输企业基层3年以上的工作经历，熟悉基层的安全管理和车辆技术管理等工作。从学历上讲，原则上应具有大专以上学历，不低于或相当于高中学历的，经过培训，考核合格后方可上岗。

4）安全管理人员应具备的能力

安全管理人员应具备运用科学知识和实际经验，因时因地、联系实际、果断有效地解决具体问题和做出相应的决策的能力，具体体现在以下几个方面：

（1）正确分析、判断和处理安全管理中多种问题的能力。

（2）对意外和突发事故及时果断采取相应对策和应变协调能力。

（3）较强的口头和文字表达能力。

（4）较强的内外事务沟通能力。

（5）较强的组织领导能力。

❸ 安全生产管理机构职责

1)安全生产委员会职责

(1)研究制定安全生产工作计划和目标的方案,部署、督促相关部门按要求组织制定,并对具体的计划和目标进行审议、确定。

(2)组织制定安全生产资金投入计划和安全技术措施计划,部署并督促相关部门落实。

(3)组织制定或者修订安全生产制度、安全操作规程,并对执行情况进行监督检查。

(4)检查本公司生产、作业的安全条件,生产安全事故隐患的排查及整改效果。

(5)按规定监督、检查劳动防护用品的采购、发放、使用和管理工作。

(6)研究、部署职业病防治措施。

(7)制定安全生产宣传教育培训计划,督促相关部门组织落实。组织相关部门总结推广安全生产先进经验。

(8)配合生产安全事故的调查和处理。

(9)每季度至少召开一次安全生产专题会议,协调解决安全生产问题,做好会议纪要,妥善保存。

(10)每次会议要跟踪上次会议工作要求的落实情况,并提出新的工作要求。

(11)负责部署、指导、监督、检查安全管理部门的工作。

(12)研究、制定安全生产大检查、专业检查和季节性检查的工作方案,组织、部署相关部门实施。发现的安全隐患要及时制定措施,督促相关部门予以处理和解决。

(13)对重大事故及重大未遂事故组织调查与分析。按照“四不放过”原则从生产、技术、设备、管理等方面查找事故发生的原因、责任,并制定措施,对责任者作出处理决定。

2)安全管理部门职责

(1)组织制定安全生产年度目标和实施计划,并按企业各部门的职能,进行目标分解、培训、考核,监测、评估、修订。

(2)组织制定安全生产资金投入计划和安全技术措施计划,并督促相关部门落实。

(3)组织制定或者修订安全生产制度、安全操作规程,并对执行情况进行监督检查。

(4)检查公司生产、作业的安全条件,生产安全事故隐患的排查及整改效果;制止和查处违章指挥、违章作业行为。

(5)配合政府有关部门对生产建设项目安全设施"三同时"和职业病防护设施的审查验收工作。

(6)指导和督促承包、承租单位、协作单位履行安全生产职责,审核承包、承租、协作单位资质、证照和资料。

(7)按规定监督劳动防护用品的采购、发放、使用和管理工作,并监督、检查和教育从业人员正确佩戴和使用。

(8)组织有关部门研究职业病防治措施。

(9)组织实施安全生产宣传教育培训,总结推广安全生产先进经验。

(10)配合生产安全事故的调查和处理,履行事故的统计、分析和报告职责,协助有关部门制定事故预防措施并监督执行。

(11)编制和审议年度安全计划措施计划,对措施需要的设备、材料、资金及实施日期,制定计划并付诸实施。

(12)组织安全生产大检查、专业检查和季节性检查,发现的安全隐患要及时采取措施,予以处理和解决。

(13)建立日常安全检查制度,对各部门的安全工作要经常进行巡视检查监督,宣传先进,教育后进。

(14)对重大事故及重大未遂事故组织调查与分析。按照"四不放过"原则从生产、技术、设备、管理等方面查找事故发生的原

因、责任，并制定措施，对责任者给予处理。

（15）至少每月召开一次安全工作例会，主要内容包括落实安全生产领导小组的会议决议，总结上一阶段的安全生产工作、安全生产目标、安全生产指标的完成情况，传达上级机构对安全生产的指令、文件精神及公司安全生产相关措施，总结安全生产存在的问题，公司对安全生产工作进行部署、对从业人员进行安全教育等。

（16）按照公司安全生产的要求，负责向各部门、各基层单位的专兼职安全员，布置、检查、指导、汇总安全生产工作。

（17）负责辨识、获取有关安全生产的法律法规、标准规程。

（18）做好安全基础工作，建立驾驶员档案，做好各项安全工作记录。

（19）发生安全事故立即报告并开展救援工作。

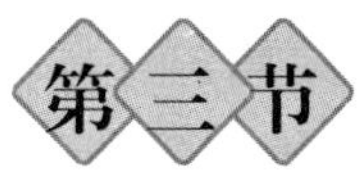

第三节 安全管理规章制度

一、安全生产规章制度建设的依据、原则和必要性

❶ 建立安全生产规章制度必要性

1）建立健全安全生产规章制度是生产经营单位的法定责任

生产经营单位是安全生产的责任主体，《安全生产法》第四条规定“生产经营单位必须遵守本法和其他有关安全生产的法律、法规，加强安全生产管理，建立、健全安全生产责任制度，完善安全生产条件，确保安全生产”；《中华人民共和国劳动法》第五十二条规定“用人单位必须建立、健全劳动安全卫生制度，严格执行国家劳动安全卫生规程和标准，对劳动者进行劳动安全卫生教育，

防止劳动过程中的事故，减少职业危害”；《中华人民共和国突发事件应对法》第二十二条规定“所有单位应当建立健全安全管理制度，定期检查本单位各项安全防范措施的落实情况，及时消除事故隐患”。

2）建立健全安全生产规章制度是生产经营单位安全生产的重要保障

安全风险来自于生产、经营过程之中，只要生产、经营活动在进行，安全风险就客观存在。客观上需要企业对生产过程、机械设备、人员操作进行系统分析、评价，制定出一系列的操作规程和安全控制措施，以保障生产经营单位生产、经营工作合法、有序、安全地运行，将安全风险降到最低。在长期的生产经营活动过程中积累的大量风险辨识、评价、控制技术，以及生产安全事故教训的积累，是探索和驾驭安全生产客观规律的重要基础，只有形成生产经营单位的规章制度才能够得到不断积累，有效继承和发扬。

3）建立健全安全生产规章制度是生产经营单位保护从业人员安全与健康的重要手段

国家有关保护从业人员安全与健康的法律法规、国家标准和行业标准在一个生产经营单位的具体实施，只有通过企业的安全生产规章制度体现出来。才能使从业人员明确自己的权利和义务。同时，也为从业人员遵章守纪提供标准和依据。建立健全安全生产规章制度可以防止生产经营单位管理的随意性，有效地保障从业人员的合法权益。

❷ 安全生产规章制度建设的依据

1）以安全生产法律法规、国家标准和行业标准、地方政府的法规和标准为依据

生产经营单位安全生产规章制度首先必须符合国家法律法

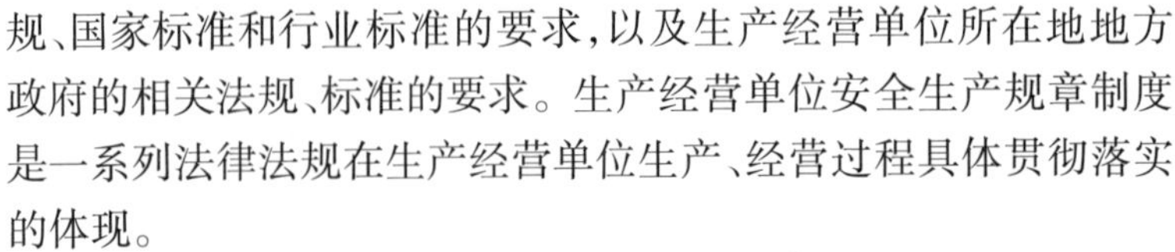

规、国家标准和行业标准的要求，以及生产经营单位所在地地方政府的相关法规、标准的要求。生产经营单位安全生产规章制度是一系列法律法规在生产经营单位生产、经营过程具体贯彻落实的体现。

2）安全生产规章制度的建设核心是危险有害因素的辨识和控制

通过对危险有害因素的辨识，才能提高规章制度建设的目的性和针对性，保障安全生产。同时，生产经营单位要积极借鉴相关事故教训，及时修订和完善规章制度，防范类似事故的重复发生。

3）以国际、国内先进的安全管理方法为依据

随着安全科学、技术的迅猛发展，安全生产风险防范的方法和手段不断完善。尤其是安全系统工程理论研究的不断深化，安全管理的方法和手段也日益丰富，如职业安全健康管理体系、风险评估和安全评价体系的建立，也为生产经营单位安全生产规章制度的建设提供了重要依据。

❸ 安全生产规章制度建设的原则

1）坚持“安全第一，预防为主，综合治理”的原则

“安全第一，预防为主，综合治理”是我国的安全生产方针，是我国经济社会发展现阶段安全生产客观规律的具体要求。安全第一，就是要求必须把安全生产放在各项工作的首位，正确处理好安全生产与工程进度、经济效益的关系；预防为主，就是要求生产经营单位的安全生产管理工作，要以危险有害因素的辨识、评价和控制为基础，建立安全生产规章制度。通过制度的实施达到规范人员行为，消除物的不安全状态，实现安全生产的目标；综合治理，就是要求在管理上综合采取组织措施、技术措施，落实生产经营单位的各级主要负责人、专业技术人员、管理人员、从业人员

等各级人员，以及党政工团有关管理部门的责任，各负其责，齐抓共管。

2）主要负责人负责的原则

我国安全生产法律法规对生产经营单位安全生产规章制度建设有明确的规定，如《安全生产法》规定"建立、健全本单位安全生产责任制，组织制定本单位安全生产规章制度和操作规程，是生产经营单位的主要负责人的职责"。安全生产规章制度的建设和实施，涉及生产经营单位的各个环节和全体人员，只有主要负责人负责，才能有效调动和使用生产经营单位的所有资源，才能协调好各方面的关系，规章制度的落实才能够得到保证。

3）系统性原则

安全风险来自于生产、经营活动过程之中。因此，生产经营单位安全生产规章制度的建设，应按照安全系统工程的原理，涵盖生产经营的全过程、全员、全方位。主要包括规划设计、建设安装、生产调试、生产运行、技术改造的全过程；生产经营活动的每个环节、每个岗位、每个人；事故预防、应急处置、调查处理全过程。

4）规范化和标准化原则

生产经营单位安全生产规章制度的建设应实现规范化和标准化管理，以确保安全生产规章制度建设的严密、完整、有序。即按照系统性原则的要求，建立完整的安全生产规章制度体系；建立安全生产规章制度起草、审核、发布、教育培训、执行、反馈、持续改进的组织管理程序；每一个安全生产规章制度编制，都要做到目的明确，流程清晰，标准准确，具有可操作性。

二、安全生产规章制度体系

安全生产规章制度体系包括综合安全管理制度、人员安全管理制度、设备设施安全管理制度以及环境安全管理制度。

安全生产规章制度体系如图 3-2 所示。

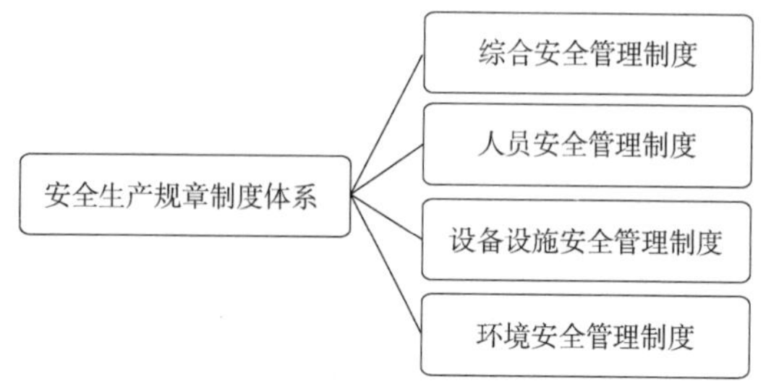

图 3-2 安全生产规章制度体系

❶ 综合安全管理制度

综合安全管理制度体系如图 3-3 所示。

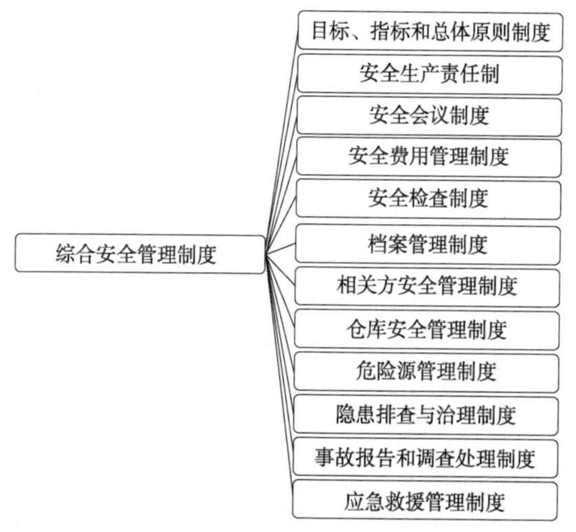

图 3-3 综合安全管理制度体系

1)安全生产管理制度

应包括:生产经营单位安全生产的具体目标、指标,明确安全生产的管理原则、责任,明确安全生产管理的体制、机制、组织机构、安全生产风险防范和控制的主要措施，日常安全生产管理的重点工作等内容。

2）安全生产责任制

应明确生产经营单位各级领导、各职能部门、管理人员及各生产岗位的安全生产责任、权利和义务等内容。

安全生产责任制属于安全生产规章制度范畴，安全生产责任制的核心是清晰安全管理的责任界面，解决“谁来管，管什么，怎么管，承担什么责任”的问题，安全生产责任制是生产经营单位安全生产规章制度建立的基础。

建立安全生产责任制，一是增强生产经营单位各级主要负责人、各管理部门管理人员及各岗位对安全生产的责任感；二是明确责任，充分调动各级人员和各管理部门安全生产的积极性和主观能动性，加强自主管理，落实责任；三是责任追究的依据。

建立安全生产责任制，应体现安全生产法律法规和政策、方针的要求；应与安全生产经营单位安全生产管理体制、机制协调一致；应做到与岗位工作性质、管理职责协调一致，做到明确、具体、可操作性；应有明确的监督、检查标准或指标，确保责任制切实落实到位；应根据生产经营单位管理体制变化及安全生产新的法规、政策及安全生产形势的变化及时修订完善。

3）安全会议制度

企业应定期召开安全工作会议，总结安全管理工作中的问题，提出安全工作计划，定期组织安全学习活动。

4）安全费用管理制度

应明确企业安全费用的提取比例，安全费用的审核使用流程，安全费用的使用范围和监督保障措施。

5）安全检查制度

应明确检查对象、检查方式、检查频率、检查人员、检查结果处置等相关内容。

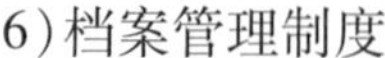

6）档案管理制度

应明确企业管理制度、文件等资料档案的管理要求，管理流程等，对企业的安全管理信息实施档案化管理，包括车辆档案和人员档案等。

7）相关方安全管理制度

企业应与相关方签订安全管理协议，明确双方安全管理职责，审查相关方的相关资质条件，定期开展相关方安全检查并组织制定相关安全技术措施。

8）仓库安全管理制度

应明确仓库安全管理的注意事项和管理要求，确保货物的储存安全。

9）危险源管理制度

应明确危险源的辨识、评估、控制的相关要求，按规定定期开展危险源的辨识和风险评估，制定相应的控制措施并有效实施，建立危险源清单和档案。

10）隐患排查与治理制度

应明确应排查的对象、排查周期、隐患的分析和治理措施，隐患的统计和跟踪管理等。

11）事故报告和调查处理制度

应明确事故报告程序、要求、现场应急处置、现场保护，严格按照“四不放过”对事故情况进行处理等。

12）应急救援管理制度

应明确企业应急管理的部门，应急预案的编制、审核、发布、培训、演练实施和修订等。应急预案分为综合预案、专项预案和现场处置方案。

应急预案编制完成以后，应报当地安全监督管理部门和主管机关进行备案，与相关主管部门的预案进行衔接，一旦发生突发事件，能够立即启动预案，实施应急救援，最大限度减小事故损失。

❷ 人员安全管理制度

人员安全管理制度体系如图 3-4 所示。

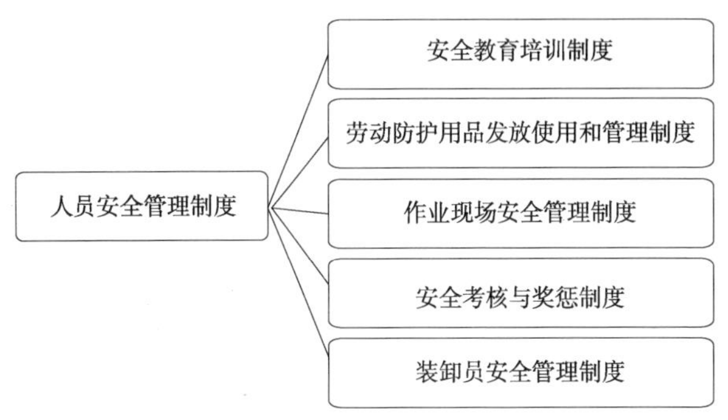

图 3-4　人员安全管理制度体系

1)安全教育培训制度

应明确企业各级管理人员安全管理知识培训,新员工三级教育培训,转岗和复岗培训,新材料、新工艺、新设备投入使用的培训,特种作业人员培训,从业人员继续教育培训等培训要求,还应明确各项培训的对象、内容、时间及考核要求等。企业应建立培训教育档案。

2)劳动防护用品发放使用和管理制度

应明确企业劳动防护用品的种类、适用范围、领取程序、使用前检查和更换周期等内容。

3)作业现场安全管理制度

应明确作业现场岗位作业人员的安全措施要求,特种作业和危险性较大的作业应明确作业程序,实施安全许可作业,保障安全的组织措施、技术措施的制定及执行等内容。

4)安全考核与奖惩制度

应明确考核对象、考核方法、考核周期、考核结果的通报以及奖惩措施等。

5)装卸员安全管理制度

应明确装卸员装卸作业程序、作业要求和注意事项。

❸ 设备设施安全管理制度

设备设施安全管理制度体系如图3-5所示。

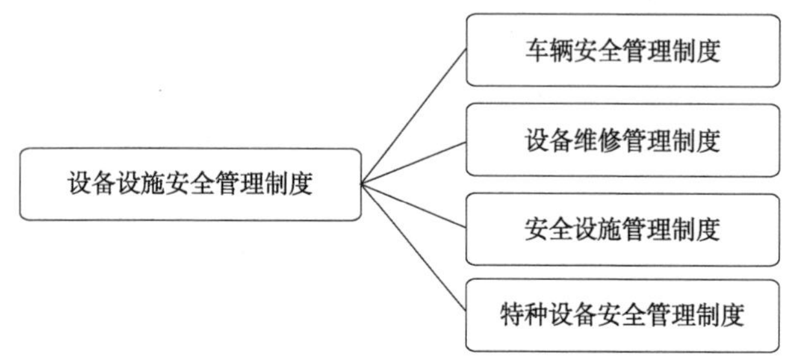

图3-5　设备设施安全管理制度体系

1)车辆安全管理制度

应明确车辆的检查和维护的周期、车辆维修、车辆的一、二级维护等内容和要求,应设置车辆的技术管理机构或专职技术管理人员对车辆实施技术管理。

2)设备维修管理制度

应明确设备维修要求、设备维修周期以及维修的主要内容。

3)安全设施管理制度

应明确安全设施的种类、名称、用途、数量以及定期检查检测要求。

4)特种设备安全管理制度

应明确特种设备的类型、危险性分析、安全作业要求、定期检查检验要求和检测周期等内容。

❹ 环境安全管理制度

环境安全管理制度体系如图3-6所示。

1)安全警示标志管理制度

应明确安全警示标志的种类、名称、数量、地点和位置,安全警示标志的定期检查、维护等。

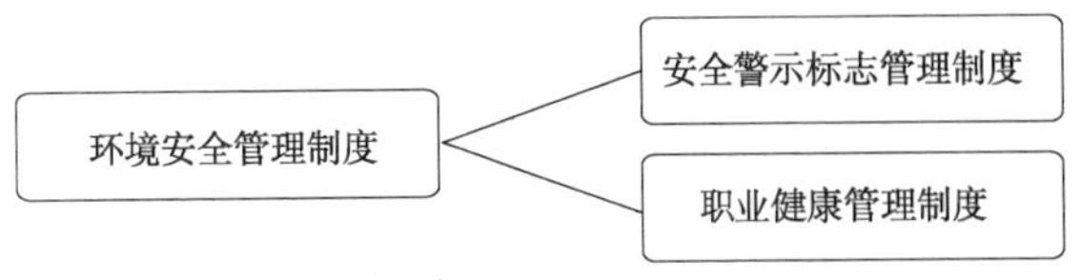

图 3-6　环境安全管理制度体系

2）职业健康管理制度

应明确作业现场存在的职业危害因素的种类、场所，职业危害岗位从业人员的定期职业健康检查，职业危害防护设施、设备的设置和发放等。

三、安全生产规章制度的管理

安全生产规章制度管理流程如图 3-7 所示。

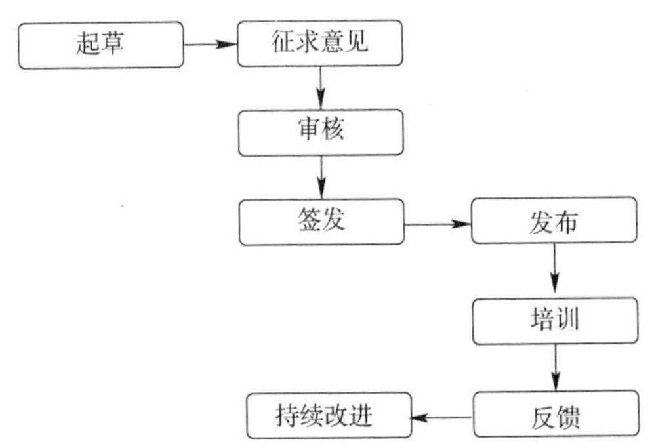

图 3-7　安全生产规章制度管理流程

❶ 起草

由负责安全生产管理部门或相关职能部门负责起草。规章制度的编制应做到目的明确、条理清楚、结构严谨、用词准确、文字简明、标点符号正确。

❷ 征求意见

起草的规章制度应通过正式渠道获得相关职能部门或员工的意见和建议，以利于规章制度的颁布和贯彻落实。

❸ 审核

制度签发前，应进行审核。一是由生产经营单位负责法律事务的部门进行合规性审查；二是专业技术性较强的规章制度应邀请相关专家进行审核；三是安全奖惩等涉及全员性的制度，应经过职工代表大会或职工代表进行审核。

❹ 签发

技术规程、安全操作规程等技术性较强的安全生产规章制度，一般由生产经营单位主管生产的领导或总工程师签发，涉及全局性的综合管理制度应由生产经营单位的主要负责人签发。

❺ 发布

安全生产规章制度应采用固定的方式进行发布。发布的范围应涵盖应执行的部门、人员。有特殊的制度还应正式送达相关人员，并由接收人员签字。

❻ 培训

新发布的安全生产管理制度、修订的安全生产规章制度，应组织进行培训，并进行考核。

❼ 反馈

应定期检查安全生产规章制度执行中存在的问题，或建立信息反馈渠道，及时掌握安全生产规章制度的执行效果。

❽ 持续改进

企业应每年对安全生产规章制度进行审查和修订，确保规章制度的有效实施。

第四节　安全投入

《安全生产法》第二十条规定,生产经营单位应当具备的安全生产条件所必需的资金投入,由生产经营单位的决策机构、主要负责人或者个人经营的投资人予以保证,并对由于安全生产所必需的资金投入不足导致的后果承担责任。有关生产经营单位应当按照规定提取和使用安全生产费用,专门用于改善安全生产条件。安全生产费用在成本中据实列支。

安全生产费用提取、使用和监督管理依据《企业安全生产费用提取和使用管理办法》(财企〔2012〕16 号)执行。

一、安全生产费用的提取

交通运输企业以上年度实际营业收入为计提依据,按照以下标准平均逐月提取:

(1)普通货运业务按照 1% 提取。

(2)客运业务、管道运输、危险品等特殊货运业务按照 1.5% 提取。

企业在上述标准的基础上,根据安全生产实际需要,可适当提高安全费用提取标准。

新建企业和投产不足一年的企业以当年实际营业收入为提取依据,按月计提安全费用。

二、安全费用使用范围

交通运输企业安全费用应当按照以下范围使用:

(1)完善、改造和维护安全防护设施设备支出(不含“三同时”要求初期投入的安全设施),包括道路、水路、铁路、管道运输设施设备和装卸工具安全状况检测及维护系统、运输设施设备和装卸工具附属安全设备等支出。

(2)购置、安装和使用具有行驶记录功能的车辆卫星定位装置、船舶通信导航定位和自动识别系统、电子海图等支出。

(3)配备、维护应急救援器材、设备支出和应急演练支出。

(4)开展重大危险源和事故隐患评估、监控和整改支出。

(5)安全生产检查、评价(不包括新建、改建、扩建项目安全评价)、咨询和标准化建设支出。

(6)配备和更新现场作业人员安全防护用品支出。

(7)安全生产宣传、教育、培训支出。

(8)安全生产适用的新技术、新标准、新工艺、新装备的推广应用支出。

(9)安全设施及特种设备检测检验支出。

(10)其他与安全生产直接相关的支出。

三、安全费用的管理

企业提取的安全费用应当专户核算,按规定范围安排使用,不得挤占、挪用。年度结余资金结转下年度使用,当年计提安全费用不足的,超出部分按正常成本费用渠道列支。

企业应当建立健全内部安全费用管理制度,明确安全费用提取和使用的程序、职责及权限,按规定提取和使用安全费用。

企业应当加强安全费用管理,编制年度安全费用提取和使用计划,纳入企业财务预算。企业年度安全费用使用计划和上一年安全费用的提取、使用情况按照管理权限报同级财政部门及行业主管部门备案。

企业提取的安全费用属于企业自提自用资金，其他单位和部门不得采取收取、代管等形式对其进行集中管理和使用，国家法律、法规另有规定的除外。

四、安全资金使用监督和保障

企业应当严格遵守安全费用管理制度，明确安全费用使用、管理的程序、职责及权限；企业安全生产费用的提取使用要接受安全生产监督管理部门和财政、审计部门的监督。年度终了，企业要在年度财务会报告中说明安全生产费用提取和使用的具体情况。

企业安全费用的投入，由企业的决策机构、主要负责人予以保证，并对由于安全生产所需要的资金投入不足导致的后果承担责任。

企业的决策机构、主要负责人不依照规定保证安全生产所需的资金投入，致使企业不具备安全生产条件的，责令限期改正，提供必需的资金；逾期未改正的，责令运输企业停产停业整顿。有以上违法行为，导致发生安全生产事故，构成犯罪的，依法追究刑事责任；尚不够刑事处罚的，对运输企业的主要负责人给予撤职处分。

五、安全资金投入效益实现

安全效益是安全条件的实现，对社会（国家）、对集体（企业）、对个人所产生的效果和利益。安全的直接效果是安全减轻生命与财产损失，另一重要效果是维护和保障经济功能得到充分发挥，这是安全的增值能力。

安全经济效益是通过安全资金投入实现安全条件，在生产和生活过程中保障技术、环境及人员的能力和功能,为社会经济发展所带来的利益。安全的非经济效益也是安全的安全社会效益,是指安全条件的实现,对国家和社会发展、企业或集体生产的稳定、家庭或个人幸福所起的积极作用。

1 元事前投资 = 5 元后事后投资,这是安全经济学的基本定理规律,也是指导安全经济活动的重要基础,同时也告诉我们:预防性的“投入产出比”大大高于事故整改的“产出比”。

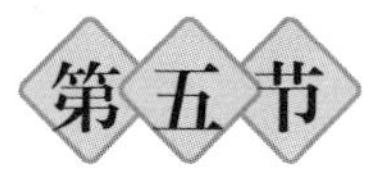

第五节 安全教育培训和安全文化建设

一、安全教育培训

❶ 主要负责人和安全管理人员安全教育培训

企业的主要负责人和安全生产管理人员必须具备与本单位所从事的生产经营活动相应的安全生产知识和管理能力。

企业的主要负责人和安全生产管理人员,应当由主管的负有安全生产监督管理职责的部门对其安全生产知识和管理能力考核合格。取得安全资格证书后方可任职。

1)生产经营单位主要负责人培训内容

(1)国家安全生产方针、政策和有关安全生产的法律、法规、规章及标准。

(2)安全生产管理基本知识、安全生产技术、安全生产专业知识。

(3)重大危险源管理、重大事故防范、应急管理和救援组织以及事故调查处理的有关规定。

(4)职业危害及其预防措施。

(5)国内外先进的安全生产管理经验。

(6)典型事故和应急救援案例分析。

(7)其他需要培训的内容。

2)安全管理人员安全培训内容

(1)国家安全生产方针、政策和有关安全生产的法律、法规、规章及标准。

(2)安全生产管理、安全生产技术、职业卫生等知识。

(3)伤亡事故统计、报告及职业危害的调查处理方法。

(4)应急管理、应急预案编制以及应急处置的内容和要求。

(5)国内外先进的安全生产管理经验。

(6)典型事故和应急救援案例分析。

(7)其他需要培训的内容。

3)培训学时

主要负责人和安全生产管理人员初次安全培训时间不得少于 32 学时。每年参加脱产再培训时间不得少于 24 学时。

❷ 从业人员安全培训

企业应当对从业人员进行安全生产教育和培训,保证从业人员具备必要的安全生产知识,熟悉有关的安全生产规章制度和安全操作规程,掌握本岗位的安全操作技能,了解事故应急处理措施,知悉自身在安全生产方面的权利和义务。未经安全生产教育和培训合格的从业人员,不得上岗作业。

企业使用被派遣劳动者的,应当将被派遣劳动者纳入本单位从业人员统一管理,对被派遣劳动者进行岗位安全操作规程和安全操作技能的教育和培训。劳务派遣单位应当对被派遣劳动者进行必要的安全生产教育和培训。

企业接收中等职业学校、高等学校学生实习的,应当对实习学生进行相应的安全生产教育和培训,提供必要的劳动防护用品。学校应当协助生产经营单位对实习学生进行安全生产教育

和培训。

企业应当建立安全生产教育和培训档案，如实记录安全生产教育和培训的时间、内容、参加人员以及考核结果等情况。

❸ 特种作业人员培训

特种作业人员必须按照国家有关规定经专门的安全作业培训，取得“特种作业操作证”后，方可上岗作业。

“特种作业操作证”有效期为6年，在全国范围内有效。“特种作业操作证”每三年复审一次。“特种作业操作证”申请复审或者延期复审前，特种作业人员应当参加必要的安全培训并考试合格。安全培训时间不少于8学时。“特种作业操作证”如图3-8所示。

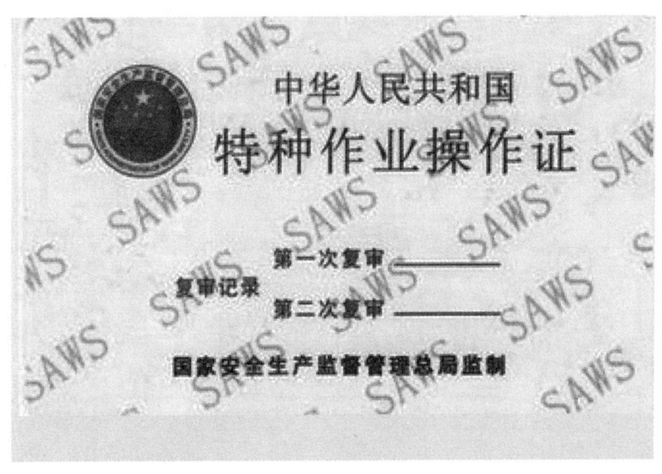

图3-8　特种作业操作证

二、安全文化建设

企业安全文化是企业在长期安全生产和经营活动中，逐步形成的，或有意识塑造的，已为全体职工接受、遵循的，具有企业特色的安全价值观、安全行为准则、安全知识和技术的综合体现。企业安全文化在企业建设中有着举足轻重的意义。企业安全文化就是借助企业文化的成果,充分运用文化的导向功能,把长期的生产经营和安全管理过程中形成的具有本行业特点的安全管理经验,提升到物质与精神结合的境界,成为加强和改进企业的安全管理的精神动力。安全文化既是一种文化现象,又是企业安全管理的一种理论。

❶ 安全文化构成

企业安全文化要素包括安全习惯、安全理念、安全政策、安全目标、安全行为、安全科学等 6 个要素,如图 3-9 所示。通过这 6 个要素间的逐级递变,安全文化实现自身的不断循环、改进和提升。

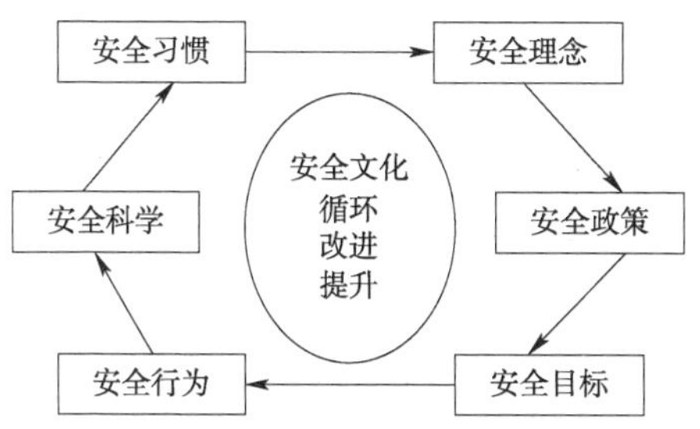

图 3-9　安全文化 6 个要素

营造企业自身的安全文化,使企业的每一位员工都能自觉地按照安全的要求来规范自己的行为,自觉地把安全放在第一位,这是全面履行安全责任的内在驱动力,是保证安全目标实现的活的灵魂。通过加强企业安全文化的建设来提升企业的安全管理水平,是对企业传统安全管理工作的一种创新,它超越了传统被动式的安全监督的局限。用安全文化去塑造每一位员工,从更深的文化层面激发员工“关注安全、关爱生命”的本能意识,体现了“预防为主”的安全管理精髓,由此才能确保安全规章的有效实

施，提升安全管理的执行力，建立企业安全生产的长效机制。

企业安全文化包括4个方面，分别是安全精神文化、安全制度文化、安全行为文化、安全物质文化，如图3-10所示。

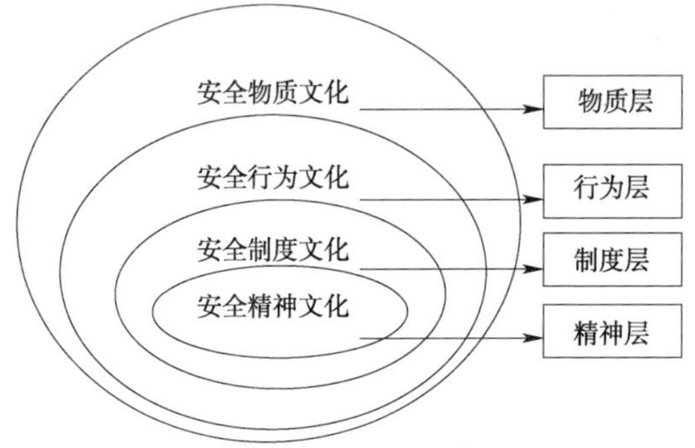

图3-10　道路运输企业安全文化构成

安全精神文化是企业核心安全理念，包括决策层的安全承诺、领导层的安全价值观、员工履行安全工作的态度等。

安全制度文化是包括安全生产责任制度、驾驶员管理制度、车辆管理制度、安全教育和培训制度、安全监督检查制度、安全生产奖罚制度等制度的制度体系。

安全行为文化是包括安全行为规范、安全行为习惯、安全责任落实等的安全行为体系。

安全物质文化是企业为了保证安全而使用的各种保护员工或设备免受伤害的安全工具、器物和物品，即表层安全文化。

❷ 安全文化建设

1）安全文化建设的目标

企业安全文化建设目标是为企业运营安全营造一个亲和力很强的氛围。企业安全管理系统中的要素是人、设备设施和环境，其中最关键的因素是人。人是企业之根本，人是管理工作中最活跃、最能动的因素，能否调动职工的积极性，是企业安全管理成败的标志。

加强道企业安全文化建设，当前要创新人性化的管理。人性化的管理强调人的主观能动性，对事故的发生，采取科学的态度，实事求是的精神。认识是行动的向导，对事故的正确态度应是从血淋淋的事实中，找出管理者和操作者自身存在的问题，掌握防止事故发生的本领。同时，将经验教训在企业干部职工的头脑中逐步消化、吸收、积累，成为指导安全实践的意识，达到多数人安全生产的目的。这也就是企业长期实行“安全第一、预防为主”的理论升华。

在对待制度的认识上，无规矩不成方圆，要重视规章制度的约束力，但对待制度人性化的管理采取的是与时俱进的态度。多数企业在安全管理上都有一套规章制度，对这些规章要进行很好的梳理，沿用对安全管理行之有效的，摒弃那些多余无用的，建立适应新的营运环境的新规章制度。使制度真正起到约束人，管理人，促进安全生产的作用。

在宣传教育的认识上，人性化的管理重视宣传形式，管好用好安全文化宣传阵地，如安全劝导牌、提示牌、标语牌和安全宣传栏，同时把宣传教育的形式向互联网等高科技领域拓展，开展网上教育。教育形式上，一改我说你听的传统教育形式，开展电视广播专题、安全文艺演出、安全文艺创作，安全体育比赛、安全理论研讨、事故案例等形式。鼓励行车人员和全体职工参与。宣传内容上，人性化的管理少用“严禁”、“不准”，多用“请你注意”，力求形象生动，平等对话，富有人情味。

2）安全文化建设的途径

安全文化绝不应是一种形式，而应该紧密结合道路运输的安全生产实践活动。企业可以从以下 3 方面入手，切实加强安全文化建设：

（1）编制企业安全文化手册。按照企业安全文化的构成，手

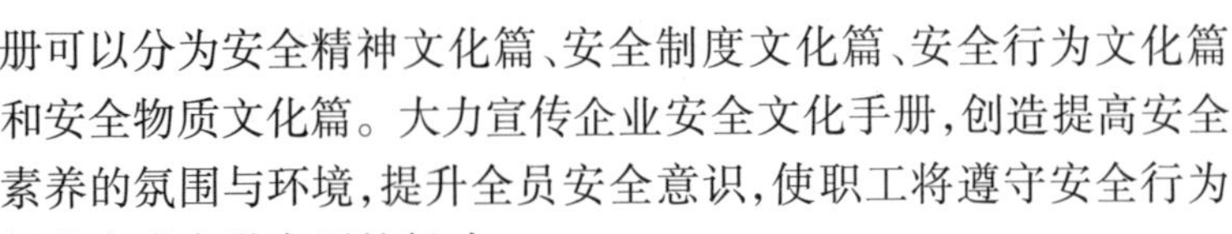

册可以分为安全精神文化篇、安全制度文化篇、安全行为文化篇和安全物质文化篇。大力宣传企业安全文化手册，创造提高安全素养的氛围与环境，提升全员安全意识，使职工将遵守安全行为规范变成自觉自愿的行动。

(2)对企业安全文化进行评估。从文化和管理的角度对企业安全文化的发展状况进行定期评估和动态评估，分析企业安全文化的不足之处，揭示企业安全管理不善的内在原因，进而提出企业在不同阶段安全文化建设的发展方向，加强安全文化建设。

(3)将安全文化建设融合于各项工作之中，在企业中开展安全文化建设，不应该把安全文化看作特别的事务，而要在企业的总体理念、形象识别、工作目标与规划、岗位责任制制定、生产过程控制及监督反馈等各个方面融合进安全文化的内容。在企业中也许看不到、听不到“安全文化的词语”，但在各项工作中处处、事事体现安全文化，这才是安全文化建设的实质。

3)安全文化建设的措施

(1)要重视企业职工安全素质的养成教育。企业要把全员安全培训放在首位。安全培训的目的：一是增强职工安全意识，变安全生产“要我干”为“我要干”，变“要我管”为“我要管”，变少数人管理为全员管理；二是提高全员安全素质，使管理者和操作者都能了解事故发生规律，掌握先进的安全管理设备，具备妥善处置突发事故的本领。

(2)要重视凝聚各方面力量。党政工团要齐抓共管，各方面都要根据职工不同工种、不同岗位、不同心理特点，从各自工作角度，设计好活动载体，围绕企业安全生产创一流，开展各具特色、富有成效的活动。比如，各个时期的安全竞赛，安全月、安全周的竞赛，党政领导安全嘱咐，家属安全劝导，共青团安全监督等活动。

(3)要重视安全管理队伍的网络化建设。要建立一个以行政领导为中心,向基层营运片区、营运单车辐射的安全管理网络。每一个层面都要有人负责,每一个层面都要做到人员、制度、措施落实到位,每一个层面都要重视安全文化建设,每一个层面都能运用系统工程的原理、方法,分析、评价系统中的安全状态,及时发现、通报系统中的危险性,通过采取综合措施,使系统内发生事故减少到最低限度,真正做到安全生产,人人有责,使安全达到最佳状态。

(4)要重视持之以恒做好安全文化建设。文化的熏陶功能是不能立竿见影的,企业安全文化建设,要做到月有安排,季有打算,年有筹划,每年都有所提高。日积月累,企业安全文化才会显示其独特的功能。

第六节 货运站特征及作业安全管理

一、货运站类别

汽车货运站是道路交通运输的基础设施之一,在国家经济建设中具有重要地位。是货运经营者(承运人)和货主(托运人)进行货物运输交易的场所,是货物的集散基地,是为货主和经营者提供服务的基础设施,是运输网络上的结点,是组织货物搬运装卸并提供各种服务的经营单位。货物运输的发送作业和到达作业多数在货运站完成。

目前,我国道路运输企业的货运站可分为三类:

(1)整车货运站。是以货运商务作业机构为代表的汽车货运站。

(2)零担货运站。专门经营零担货物运输,进行零担货物作业、中转换装、仓储保管的货运汽车站。

(3)集装箱货运站。主要承担集装箱的中转运输任务为主的货运站,又称集装箱中转站。

二、货运站站级划分

根据《汽车货运站(场)级别划分和建设要求》(JT/T 402—1999),依据年换算货物吞吐量,将货运站等级划分为四个级别。

(1)一级货运站。年换算货物吞吐量 600×10^3t 及以上。

(2)二级货运站。年换算货物吞吐量 300×10^3t ~ 600×10^3t。

(3)三级货运站。年换算货物吞吐量 150×10^3t ~ 300×10^3t。

(4)四级货运站。年换算货物吞吐量不足 150×10^3t。

三、货运站主要功能

❶ 运输组织功能

是贯彻执行国家及行业主管部门有关法规,进行货物运输生产、货流和货运车辆的运行组织,实现道路货物的合理运输。包括:运输生产组织、货源组织、运输能力组织、运行组织、道路货运市场管理等。

❷ 中转和装卸储运功能

利用货运站内部的装卸设备、仓库、堆场、货运受理点以及相应的配套设施,为货物中转和因储运需要而进行的换装提供方便,保证中转货物安全、快捷、经济、可靠地完成换装作业,及时运送到目的地。

❸ 联运和中介代理功能

通过信息中心和自身的信息系统,与铁路运输、水运、航空等行业及部门建立密切的货物综合运输体系，协调地开展联合运输业务。同时，承担运输代理业务，为货主和车主提供双向服务，合理组织联运。

❹ 综合物流服务功能

货运站除具备储存保管等传统功能外，还具备包括拣选、配货、检验、分类等作业并具有多品种、小批量、多批次等收货配送以及附加标签、重新包装等综合物流服务功能。

❺ 通信信息功能

通过信息传递与交换设备，使全国道路货运站场形成网络，信息互通，资源共享，各种营运信息迅速、及时、准确地传递和交换。

❻ 辅助服务功能

货运站除开展正常的货运生产外，还提供与运输生产有关的服务。

四、货运站的主要任务

货运站的基本任务是：满足营运区域内社会需求者对汽车货运的要求，为货物的合理运输创造良好条件，组织好城市间、城乡间的汽车货运工作；组织好汽车与铁路、水运的联运；完成运输经办业务和仓库作业；安全、及时、方便、经济地完成货运任务，提高车辆的实载率和运输生产效率。

货运站的具体任务和职能包括：

(1)调查并组织货源，签订有关运输合同和运输协议。

(2)组织日常的货运业务工作。

(3)做好运行管理工作。

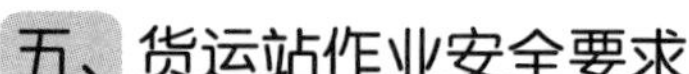

五、货运站作业安全要求

❶ 货物受理

(1)货运站应按照货运站许可的经营范围,并结合货运站的相关条件,在能够确保安全完好的前提下受理货物,填写货物受理相关单证,不得拒绝货主或其代理人通常、合理的要求。

(2)货物受理时应明确货物运输、保管、搬运装卸等条件,货运站签认后视同对托运人的承诺,应严格按照承诺执行。

(3)货运站对所有受理货物进行核验,确保其真实性,不得受理或组织运输法律、行政法规禁运的货物。如发现托运违禁货物或进站车辆已装运违禁货物,货运站应及时向有关机关举报。

有条件的大型站场要设置大型安检仪,防止危险货物等进站(场)上车。零担运输企业在受理托运的货物时,要对货物进行开箱(包)验视。对整车运输的批量货物应根据公安部等 7 部局《关于加强物流、寄递渠道安全监管工作的通知》(公治〔2009〕475号)的要求,对可疑货物进行开箱(包)检查,确保托运的货物与运单填写的货物一致,防止托运人将禁运物品、违禁物品、危险物品和限运货物、凭证运输货物谎报或者匿报为普通货物。

(4)货运站应参照《汽车运输、装卸危险货物作业规程》(JT/T 618)、《汽车快件货物运输操作规程》(JT/T 620)等有关规定和技术标准规范其站内的运输及搬运装卸行为。

(5)货运站有权拒绝受理包装不符合要求的货物。

(6)除依法设立的危险货物存储场地外,货运站不得存放、包装、搬运、装卸危险货物;取得危险货物储运许可依法受理危险货物的货运站,应当独立设置危险货物受理、储存及作业区域,不得将危险货物与普通货物混放。

❷ 车辆管理

(1)货运站应分别在货运站的进出口设置检查点并配置必要的设施设备,审核进出车辆的行驶证、营运证以及驾驶员的驾驶证、从业资格证的真实性,禁止资质不合格的车辆及驾驶员进出站。没有危险货物经营资质的货运站严禁危险货物运输车辆进站。

(2)货运站应进行科学的站内交通组织,维护站内交通秩序,确保站内车辆行驶和停放的安全,严禁占用消防通道及紧急疏散通道停放车辆。

(3)依法经营危险货物的货运站,应单独设置危险货物专用车辆停车场,并应配备专人负责管理。

(4)货运站应按相关国家标准及行业标准配置车辆安全检测设施设备,对出站车辆进行安全检查并予以登记,防止未经安全检查的车辆出站,保证运输安全。

(5)货运站应设立超限源头治理工作岗位并配备必要的计量设施设备,明确工作职责,不得允许超限车辆出站。为此应建立相关责任追究制度。

(6)货运站应对超限进站车辆进行登记,并向道路运输管理机构通报相关信息,未经卸载禁止出站。

(7)货运站应建立健全车辆进出、装载、配载登记、统计制度和档案,并按规定向道路运输管理机构报送相关信息。

❸ 搬运装卸作业安全要求

(1)承运人或托运人承担货物搬运装卸后,委托站场经营人、搬运装卸经营者进行货物搬运装卸作业的,应签订货物搬运装卸合同。

(2)搬运装卸人员应对车厢进行清扫,发现车辆、容器、设备不适合装货要求,应立即通知承运人或托运人。

(3)搬运装卸作业应当轻装轻卸,堆码整齐;清点数量;防止混杂、撒漏、破损;严禁有毒、易污染物品与食品混装,危险货物与普通货物混装。

(4)对性质不相抵触的货物,可以拼装、分卸。

(5)搬运装卸过程中,发现货物包装破损,搬运装卸人员应及时通知托运人或承运人,并做好记录。

(6)搬运装卸危险货物,按交通部《汽车危险货物运输、装卸作业规程》进行作业。

(7)搬运装卸作业完成后,货物需绑扎苫盖篷布的,搬运装卸人员必须将篷布苫盖严密并绑扎牢固;由承运人、托运人或委托站场经营人、搬运装卸人员编制有关清单,做好交接记录;并按有关规定施加封志和外贴有关标志。

(8)承、托双方应履行交接手续,包装货物采取件交件收;集装箱重箱及其他施封的货物凭封志交接;散装货物原则上要磅交磅收或采用承托双方协商的交接方式交接。交接后双方应在有关单证上签字。

(9)货物在搬运装卸中,承运人应当认真核对装车的货物名称、质量、件数是否与运单上记载相符,包装是否完好。包装轻度破损,托运人坚持要装车起运的,应征得承运人的同意,承托双方需做好记录并签章后,方可运输,由此而产生的损失由托运人负责。

六、货运站作业安全管理

(1)货运站经营者应当按照经营许可证核定的许可事项经营,不得随意改变货运站用途和服务功能。

(2)货运站经营者应当依法加强安全管理,完善安全生产条件,健全和落实安全生产责任制。

(3)货运站经营者应当对出站车辆进行安全检查,防止超载车辆或者未经安全检查的车辆出站,保证安全生产。

(4)货运站经营者应当按照货物的性质、保管要求进行分类存放,危险货物应当单独存放,保证货物完好无损。

(5)货物运输包装应当按照国家规定的货物运输包装标准作业,包装物和包装技术、质量要符合运输要求。

(6)货运站经营者应当按照规定的业务操作规程进行货物的搬运装卸。搬运装卸作业应当轻装、轻卸,堆放整齐,防止混杂、撒漏、破损,严禁有毒、易污染物品与食品混装。

(7)进入货运站经营的经营业户及车辆,经营手续必须齐全。严禁无证无照的道路货物运输、货运代理等经营者进入站场内经营。

(8)货运站经营者应当公平对待使用货运站的道路货物运输经营者,禁止无证经营的车辆进站从事经营活动,无正当理由不得拒绝道路货物运输经营者进站从事经营活动。

(9)货运站应在运营场所的醒目位置设置导向、疏散、提示、警告、限制、禁止等安全标志,并定期对各类安全标志进行检查和维修,保证完好。货运站要保持清洁卫生,各项服务标志醒目。

(10)货运站经营者不得超限、超载配货,不得为无道路运输经营许可证或证照不全者提供服务;不得违反国家有关规定,为运输车辆装卸国家禁运、限运的物品。

(11)货运站应按照统一规划、统一技术规范建设责任范围内的公共安全视频系统,不得擅自改变视频系统的设备、设施的位置和用途。货运站场经营者应每月定期检查视频系统的前端设备、信号传输和网络传输线路和存储设备等运行情况,确保有效运行。

(12)货运站经营者应当制定有关突发公共事件的应急预案。应急预案应当包括报告程序、应急指挥、应急车辆和设备的储备以及处置措施等内容。

第七节 设备设施

货运站场的设备设施包括生产设备设施和安全设备设施，生产设备设施是货运站生产经营和货物装卸、储存等作业活动的物质保障，为货运站的生产经营提供必要的设施场地和机械工具等。安全设备设施是货运站生产经营的安全保障，为作业人员和车辆、货物以及其他设备实施提供有效的安全防护，避免安全事故的发生。

一、货运站生产设施

货运站生产设施主要包括：业务办公设施、库（棚）设施、场地设施、道路设施、危险货物运输设施。

❶ 业务办公设施

业务办公设施主要包括：货运站站房、生产调度办公室和信息管理中心。有国际运输业务的货运站，可设置由海关、检疫、商检、商务等部门的国际联运代理业务办公室。

(1)货运站站房由业务人员工作间和货主办理货物托运或仓储受理手续、提货手续的场所构成。

(2)生产调度办公室及国际联运代理业务联合办公室。

(3)信息管理中心由放置信息管理硬件系统的机房与工作人员的办公场所和供信息发布及用户查询的场所构成。

(4)业务办公设施的设置要方便货主，货物受理处业务人员工作间和联合办公室应按作业流程设置，货物受理处与仓库的距离应短捷。

❷ 库(棚)设施

库(棚)设施包括中转库、零担库、集装箱拆装箱库、仓储库,分别用作货物的短期存放、集装箱拆装作业和货主待收或待发货物仓储;货棚则用于堆放不便进库但又不宜露天存放的零担或仓储货物。

库(棚)设施有关要求:

(1)中转库。为中转货物集中、分拣、换装、发货的场所。中转、换装作业量大的一、二级货运站,可设置具有监控、传送、分拣设备的中转库。中转作用量小的三级以下货运站,可用相应仓库内的一定区域作为理货场地,不设中转库。

(2)仓储库。按建筑层数,仓储库可分为单层和多层仓储库。存放外形尺寸较小,单件质量较轻货物的仓储库可建成高架库。为适应各种外形尺寸货物的存放,高架库与单层连接成建筑群体。

(3)零担库和集装箱拆装箱库。应建成高站台仓库,站台宽度不少于3m,高度取1.2~1.3m,两端设置斜坡,并装设货物装卸升降台。

各类仓库应分区设置,并以道路衔接保持良好作业联系。零担货棚和仓储货棚应与相应仓库位于同一区域。

货运站仓库如图3-11所示。

❸ 场地设施

场地设施主要包括:集装箱堆场(图3-12)、装卸场或作业区、货场和停车场。

❹ 道路设施

道路设施包括:铁路专用线和站内道路。

(1)在临近铁路线并有较大公铁联运作业量的一、二级汽车货运站,可引设铁路专用线。三、四级货运站或无条件的货运站可不设置。

图3-11　货运站仓库

图3-12　集装箱堆场

(2)站内道路应采用无交叉的环行行驶路线。

❺ 危险货物运输设施

危险货物运输设施建设,在选址、布局、结构、功能等方面,既要适应危险货物运输的技术条件、生产安全要求,又必须符合环境保护、消防安全、劳动保护、交通管理等方面的规定。

二、货运站生产辅助设施和生产服务设施

用于汽车货运站的生产辅助和生活服务设施应按需设置。

❶ 生产辅助设施

货运站的生产辅助设施主要包括:维修设施、动力设施、供水供热设施等。

1)维修设施

维修设施包括:维修现场的消防通道、行车通道、围栏、警告标志、夜间警示红灯、消防器材、通信设备、照明设备、脚手架、冲洗用水源等。

2)动力设施

动力设施可分为:

(1)动能发生设备:空气压缩设备、液化气站设备、锅炉房设备。

(2)电气设备:变压器、高低压配电设备、照明和其他电气设备。

(3)其他动力设备:通用采暖设备、管道、除尘设备和其他动力设备。

3)供水供热设施

(1)供水设施。供水设施,就是供水设备,比如:无负压供水设备、变频供水设备、气压供水设备、消防供水设备、落地膨胀水箱等都是供水设施。

(2)供热设施。供热设施,是为使人们生活或进行生产的空间保持在适宜的热状态而设置的供热设施。供热设备按照服务范围分为局部的、集中的和区域的。集中式供热设备有:集中式热风供暖设备、集中式热水供暖设备和集中式蒸汽供暖设备。

❷ 生产服务设施

货运站的生产服务设施主要包括：

(1)食宿设施。

(2)其他服务设施。

三、货运站主要生产设备

货运站主要设备包括：运输车辆、装卸机械、计量设备、管理系统、维修设备等。

❶ 运输车辆

货运站应根据需要配置用于货物配送和装卸搬运工作的运输车辆。其车辆类型应根据运输方式、货物种类合理选择。

❷ 装卸机械

货运站装卸机械包括：货场和仓库装卸机械，集装箱堆场和作业区装卸机械等。

❸ 计量设备

货运站应配备检定合格的计量设备或器具。一、二级货运站应设置电子自动计量设备，各种电子自动计量设备均应并入货运站计算机网络或预留接口。

❹ 管理系统

一、二级货运站应设置管理和信息系统。包括：计算机监控系统、无线、有线通信系统，站内和站间计算机网络系统，信息显示系统等。

❺ 维修设备

一、二级货运站应根据车辆、装卸机械和集装箱的维修工作量配备符合其工艺要求的清洁和维修设备。

四、装卸特种设备及辅助装备

❶ 装卸特种设备

装卸搬运设备，是指用来搬运、升降、装卸和短距离输送物料或货物的机械设备，装卸搬运机械是实现装卸搬运作业机械化的基础。装卸搬运设备按主要用途和结构特征分为：起重机械、输送机械、装卸搬运车辆、专用装卸搬运机械。其中，专用装卸搬运机械是指专用取物装置的装卸搬运机械，如托盘专用装卸机械、集装箱专用装卸搬运机械、分拣专用机械等。

特种设备，是指涉及生命安全、危险性较大的锅炉、压力容器（含气瓶）、压力管道、电梯、起重机械、客运索道、大型游乐设施和场（厂）内专用机动车辆。用于货运站装卸特种设备起重机械主要有叉车、巷道堆垛机。

1）叉车

叉车，又称铲车、万能装卸机（图3-13），是一种通用的起重、运输、装卸和堆垛车辆。叉车一般由底盘、动力装置和工作装置三大部分组成。底盘由传动系统、转向系统、行驶系统及相应的电气设备等组成。工作装置主要由机械部分与液压系统组成。在运输装卸作业中，叉车担负着堆码垛、装卸载、短途运输及牵引等任务，不但大大降低了人员的劳动强度，也极大地提高了运输装卸作业的效率，并保证了物资收发的高效性和安全性。

（1）叉车的工作特点：

①机械化程度高。

②机动灵活性好。

③能提高仓库容积的利用率。

图3-13 叉车

④有利于开展托盘成组运输和集装箱运输。

⑤成本低、投资少,能获得较好的经济效果。

⑥可以“一机多用”,能够减轻装卸工人繁重的体力劳动,提高效率,缩短车辆停留时间,降低装卸成本。

(2)叉车的分类:

①按燃料的不同分为:柴油式叉车、汽车式叉车、液态石油式叉车等。

②按结构形式和用途分为:平衡重式叉车、前移式叉车、插腿式叉车、侧向堆垛式叉车、侧面式叉车等。

③按作业区域分为:普通型叉车和越野型叉车。

2)巷道堆垛机

巷道堆垛机,是由叉车、桥式堆垛机演变而来的。桥式堆垛机由于桥架笨重因而运行速度受到很大的限制,它仅适用于出入库频率不高或存放长形原材料和笨重货物的仓库。巷道堆垛机的主要用途是在高层货架的巷道内来回穿梭运行,将位于巷道口的货物存入货格;或者,取出货格内的货物运送到巷道口。

（1）巷道堆垛机的特点：

①电气控制方式有手动、半自动、单机自动及计算机控制。可任意选择一种电气控制方式。

②大多数堆垛机采用变频调速，光电认址，具有调速性能好、停车准确度高的特点。

③采用安全滑触式输电装置，保证供电可靠。

④运用过载松绳，断绳保护装置确保工作安全。

⑤配备移动式工作室，室内操作手柄和按钮布置合理，座椅较舒适。

⑥堆垛机机架质量轻。抗弯、抗扭刚度高。起升导轨精度高，耐磨性好，可精确调位。

⑦可伸缩式货叉减小了对巷道的宽度要求，提高了仓库面积的利用率。

（2）巷道堆垛机的分类（图3-14）：

①按结构分为：单立柱型巷道式堆垛机、双立柱巷道堆垛机。

②按支撑方式分为：地面支撑型巷道堆垛机、悬挂型巷道堆垛机、货架支撑型巷道堆垛机。

图3-14　巷道堆垛机

③按用途分为:单元型巷道堆垛机、拣选型巷道堆垛机。

❷ 装卸辅助设备

用于货运站装卸机械的辅助设备有:带式输送机和监控、传送、分拣设备。

1)带式输送机

带式输送机,是以输送带作牵引和承载构件,通过承载物料的输送带的运动进行物料输送的连续输送设备(图3-15)。输送带绕经传动滚筒和尾部滚筒形成无极环形带,上下输送带由托辊支承以限制输送带的挠曲垂度,拉紧装置为输送带正常运行提供所需的张力。工作时驱动装置驱动传动滚筒,通过传动滚筒和输送带之间的摩擦力驱动输送带运行,物料装在输送带上和输送带一起运动。带式输送机一般是在端部卸载,当采用专门的卸载装置时,也可在中间卸载。

图3-15 带式输送机

(1)带式输送机的特点:

①输送物料种类广泛。

②输送能力范围宽。

③输送线路的适应性强。

④灵活的装卸料工艺流程的要求灵活地从一点或多点受料,

也可以向多点或几个区段卸料。

⑤可靠性强。

⑥安全性高。

⑦费用低。

(2)带式输送机的种类:

①按承载能力分为:轻型带式输送机、通用带式输送机、钢绳芯带式输送机。

②按可否移动分为:固定带式输送机、移动带式输送机、移置带式输送机、可伸缩带式输送机。

③按输送带的结构形式分为:普通输送带带式输送机、钢绳牵引带式输送机、压带式输送机、钢带输送机、网带输送机、管状带式输送机、波状挡边带式输送机、花纹带式输送机。

④按承载方式分为:托辊式带式输送机、气垫带式输送机、深槽型带式输送机。

⑤按输送机线路布置分为:直线带式输送机、平面弯曲带式输送机、空间弯曲带式输送机。

⑥按驱动方式分为:单滚筒驱动带式输送机、多滚筒驱动带式输送机、线摩擦带式输送机、磁性带式输送机。

2)监控、传送、分拣设备

分拣,就是将很多的货品按品种、不同的地点和顾客的订货要求,迅速、准确地从储位拣取出来,按一定的方式进行分类、集中并分配到指定位置,等待配装送货。按分拣的手段不同分为:人工分拣、机械分拣、自动分拣。

(1)人工分拣。人工分拣基本上是靠人力搬运,或利用最简单的器具和手推车等,把所需要的货物分门别类地运送到指定地点。这种方式劳动强度大,分拣效率最低。

(2)机械分拣。机械分拣又称输送机械分拣,它以机械为主要输送工具,拣选作业还要靠人工。这种方式用得最多的是输送机,有链条输送机、传送输送机、辊道输送机等,也有用箱式托盘分拣。这种分拣方式投资少,可以减轻劳动强度,提高分拣效率。

(3)自动分拣。自动分拣系统可将一批相同或不同的货物,按照不同的要求自动识别、自动计数、自动检测、自动计量、自动包装、自动分拣,快速、准确地满足配送或发运要求,提高客户的满意度(图3-16)。自动分拣系统由设定装置、控制装置、分类装置、输送装置及分拣道口组成。

图3-16　自动分拣系统

五、安全设备设施

❶ 消防设施设备

根据《中华人民共和国消防法》规定,企业应当履行消防安全职责,按照国家标准、行业标准配置消防设施、器材,设置消防安全标志,要保障疏散通道、安全出口、消防车通道畅通。

1)消防设施及其分类

消防设施是指火灾自动报警系统、自动灭火系统、消火栓系统、防烟排烟系统以及应急广播和应急照明、安全疏散设施等。

消防设施一共分为13类:

(1)建筑防火及疏散设施。

(2)消防及给水。

(3)防烟及排烟设施。

(4)电器与通信。

(5)自动喷水与灭火系统。

(6)灾自动报警系统。

(7)气体自动灭火系统。

(8)水喷雾自动灭火系统。

(9)低倍数泡沫灭火系统。

(10)高、中倍数泡沫灭火系统。

(11)蒸汽灭火系统。

(12)移动式灭火器材。

(13)其他灭火系统。

2)消防器材及其分类

消防器材,是指用于灭火、防火以及火灾事故的器材。

我国通常采用按照充装灭火剂的种类、灭火器质量、加压方式三种分类方法进行分类。

(1)按充装灭火剂种类分为:

①清水灭火器。

②酸碱灭火器。

③化学泡沫灭火器。

④轻水泡沫灭火器。

⑤二氧化碳灭火器。

⑥干粉灭火器。

⑦卤代烷灭火器(灭火剂为卤代烷 1211)。

(2)按灭火器的质量分为:

①手提式灭火器。

②背负式灭火器。

③推车式灭火器。

(3)按加压方式分为:

①化学反应式灭火器。

图 3-17　消火栓和灭火器

②储气瓶式灭火器。

③储压式灭火器。

3)其他消防设施

消防装备除了灭火器外,还有许多必要的灭火设施,如消火栓、水泵结合器、水带、水枪、消防泵及消防车等。

(1)消火栓(图 3-17):

①室外消火栓,是一种城市必备的消防装备,尤其在市区或河道较少的地区,更需要安装置备,确保消防需要,消火栓可直接用于扑救火灾,也可以用于消防车取水。

②室内消火栓,是安装在建筑物内的消防供水设备,一般用来扑救室内初起火灾,由报警器、水箱、阀门、水带及水枪组成。

(2)消防泵(图 3-18):

①手抬机动消防泵。

②机动体引泵。

(3)水龙带、水枪(图 3-19):水龙带、水枪是与消防栓、消防车等配套使用的最基本的消防器材。

❷ 劳动防护设备

劳动防护设备,是以消除或者降低工作场所的危害因素,使其在劳动过程中免遭或者减轻事故伤害及职业危害的个人防护装备。防护设备类型包括防尘、防毒、防噪声、防振动、防非电离辐射、防电离辐射、防生物危害和人机工效学的防护等。

图3-18　消防泵

图3-19　水龙带、水枪

1)个人劳动防护用品及其分类

个人劳动防护用品,是指为使从业人员在生产过程中,免遭或减轻事故伤害和职业危害而提供的个人随身穿戴的用品。

个人劳动防护用品按照防护部位分为九类:

(1)头部护具类。是用于保护头部,防撞击、挤压伤害、防物料喷溅、防粉尘等的护具。主要有玻璃钢、塑料、橡胶、玻璃、胶纸、防寒和竹藤安全帽(图3-20)以及防尘帽(图3-21)、防冲击面罩等。

图3-20　安全帽

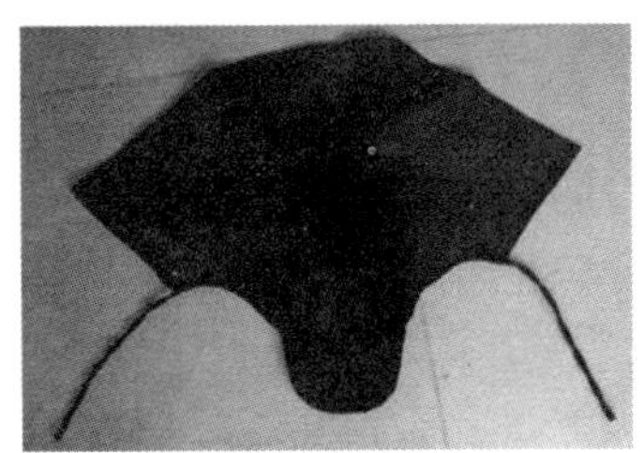

图3-21　防尘帽

(2)呼吸护具类。是预防尘肺和职业病的重要护品。按用途分为防尘(图 3-22)、防毒(图 3-23)、供氧三类,按作用原理分为过滤式、隔绝式两类。

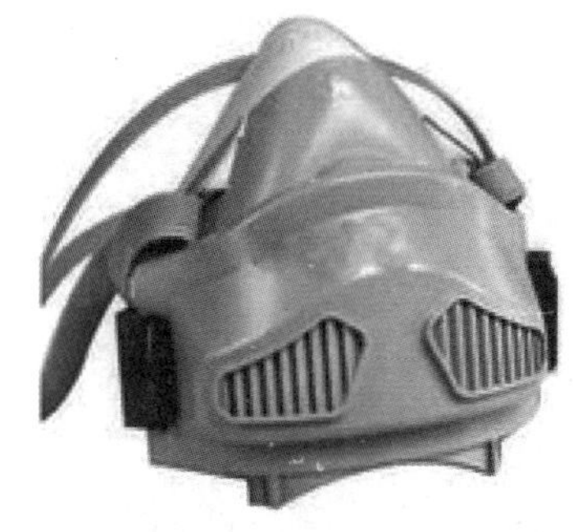
图 3-22　防尘面罩

图 3-23　防毒面具

(3)眼防护具。用以保护作业人员的眼睛、面部,防止外来伤害。分为焊接用眼防护具(图 3-24)、炉窑用眼护具、防冲击眼护罩、微波防护具、激光防护镜以及防 X 射线、防化学、防尘等眼护具。

图 3-24　焊工护目镜

(4)听力护具。长期在 90dB(A)以上或短时在 115dB(A)以上环境中工作时应使用听力护具。听力护具有耳塞(图 3-25)、耳罩(图 3-26)和帽盔三类。

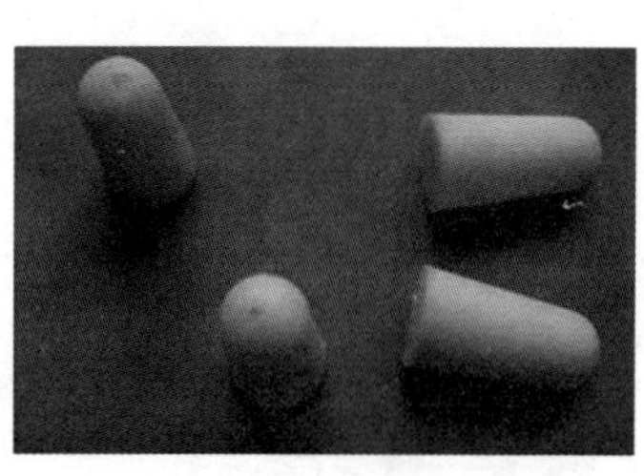
图 3-25　耳塞

图 3-26　耳罩

(5)防护鞋。用于保护足部免受伤害。目前主要产品有防砸鞋、绝缘鞋、防静电鞋、耐酸碱鞋、耐油鞋、防滑鞋等,如图3-27所示。

(6)防护手套。用于手部保护,主要有耐酸碱手套、电工绝缘手套、电焊手套(图3-28)、防X射线手套、石棉手套等。

图3-27　劳保鞋

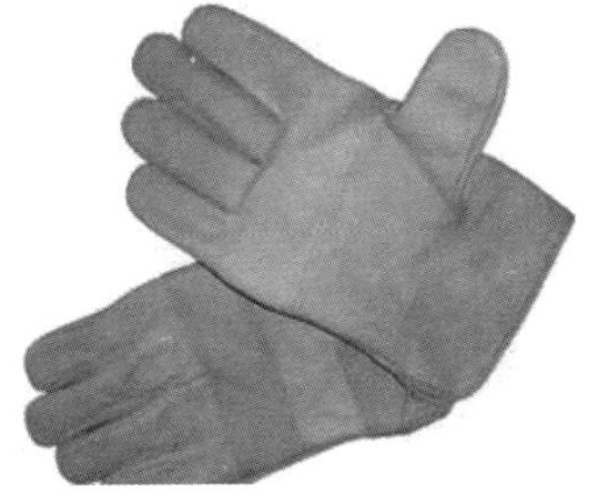

图3-28　电焊手套

(7)防护服。用于保护职工免受劳动环境中的物理、化学因素的伤害。防护服分为特殊防护服和一般作业服两类,如图3-29所示。

(8)防坠落护具。用于防止坠落事故发生。主要有安全带、安全绳和安全网。

(9)护肤用品。用于外露皮肤的保护。分为护肤膏和洗涤剂。

2)劳动防护用品配备的要求

企业应当按照《劳动防护用品选用规则》(GB 11651)和国家颁发的劳动防护用品配备标准以及有关规定,为从业人员配备劳动防护用品。企业不得以货币或者其他物品替代应当按规定配备的劳动防护用品,不得以货币或者其他物品替代应当按规定配备的劳动防护用品。为从

图3-29　强酸强碱防护服

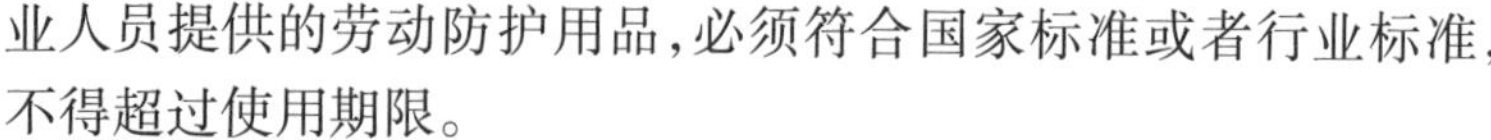

业人员提供的劳动防护用品，必须符合国家标准或者行业标准，不得超过使用期限。

❸ 警示标识

警示标识，是指国家规定的或国际通用的标志。工作场所设置警示标识是企业履行职业危害告知义务的形式之一。在容易发生事故、危险性较大的场所、可能产生职业病危害的设备上或其前方醒目位置、作业岗位设置警示标志和说明，目的是时刻告知和提醒在这些场所的人们注意安全，减少或避免事故的发生。

1）警示标识的类型

警示标识类型包括：图形标识、警示线、警示语句、职业危害告知卡。

（1）图形标识。图形标识分为：禁止标识、警告标识、指令标识和提示标识。

①禁止标识。禁止不安全行为的图形，如“禁止入内”、“禁止触摸”等标识，如图 3-30、图 3-31 所示。

图 3-30 禁止入内标识

图 3-31 禁止触摸标识

②警告标识。提醒对周围环境需要注意，以避免可能发生危险的图形，如“当心触电”、“当心坠落”等标识，如图 3-32 所示。

图 3-32　警告标识

③指令标识。强制做出某种动作或采用防范措施的图形，如“必须戴好安全帽”、“必须戴防毒面具”等标识，如图 3-33 所示。

④提示标识。提供相关安全信息的图形，如“安全出口”标识等，如图 3-34 所示。

图形标识可与相应的警示语句配合使用。图形、警示语句和文字设置在作业场所入口处或作业场所的显著位置。

安全色(图 3-35)：

红色——表示禁止和阻止的意思。

黄色——表示警告、提醒人们注意。

蓝色——表示指令，要求人们必须遵守的规定。

绿色——表示给人们提供允许、安全的信息。

图 3-33　指令标识

图 3-34　安全出口标识

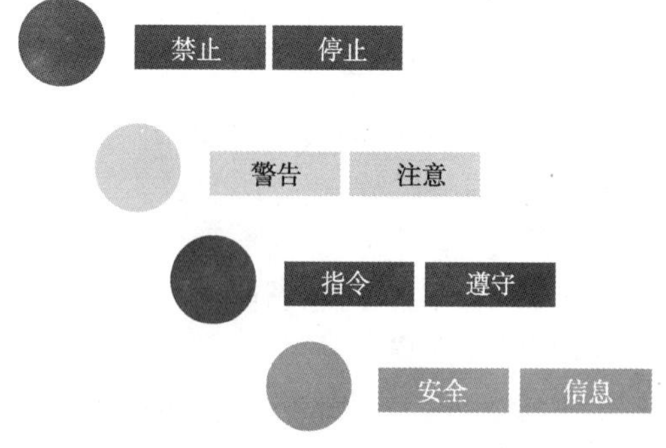

图 3-35　安全色的含义

(2)警示线。警示线,是界定和分隔危险区域的标识线。按照需要,警示线可喷涂在地面或制成色带设置。

警示线颜色一般分为:黄色、红色、绿色和黑色。

(3)警示语句。警示语句,是一组表示禁止、警告、指令、提示或描述工作场所职业病危害的词语。根据工作场所职业病危险的实际状况进行选用。除基本警示语句外,在特殊情况下,可自行编制适当的警示语句。警示语句既可单独使用,也可与图形标识组合使用,也可构成完整的句子。基本警示语句见表3-1。

基本警示语句　　表3-1

编号	语句内容	编号	语句内容
1	禁止入内	18	穿防护鞋
2	禁止停留	19	穿防护服
3	禁止启动	20	注意通风
4	当心中毒	21	紧急出口
5	当心腐蚀	22	急救站
6	当心感染	23	救援电话
7	当心弧光	24	刺激性
8	当心辐射	25	刺激眼睛
9	注意防尘	26	刺激皮肤
10	注意高温	27	遇湿具有刺激性
11	有毒气体	28	腐蚀性
12	噪声有害	29	遇湿具有腐蚀性
13	戴防护镜	30	窒息性
14	戴防毒面具	31	剧毒
15	戴防尘口罩	32	高毒
16	戴护耳器	33	有毒
17	戴防护手套	34	有毒有害

续上表

编号	语 句 内 容	编号	语 句 内 容
35	遇湿分解放出有害气体	44	当心中暑
36	当心有害气体	45	佩戴呼吸防护期
37	接触可引起伤害	46	戴防护面具
38	对健康有害	47	戴防溅面具
39	接触可引起伤害和死亡	48	佩戴射线防护用品
40	麻醉作用	49	未经许可,不许入内
41	当心灼伤	50	不得靠近
42	当心眼灼伤	51	泄险区
43	强氧化性	52	不得触摸

(4)有毒物品作业岗位职业病危害告知卡。根据实际需要,由各类图形标识和文字组合成《有毒物品作业岗位职业病危害告知卡》(以下简称《告知卡》)。《告知卡》是设置在使用有毒物品作业岗位的醒目位置上的一种警示,它以简洁的图形和文字,将作业岗位上所接触到的有毒物品的危害性告知劳动者,并提醒劳动者采取相应的预防和处理措施。

《告知卡》包括:有毒物品的通用提示栏、有毒物品名称、健康危害、警告标识、指令标识、应急处理和理化特性等内容。

2)警示标识的设置和使用

警示标识设置应按《工作场所职业病危害警示标识》(GBZ 158—2003)的要求设置。

(1)警示标识设置的场所:

①作业场所。

②设备。在可能产生职业病危害的设备上或其前方醒目位置设置相应的警示标识。

③产品包装。可能产生职业病危害的化学品、放射性同位素

和放射性物质的材料的产品包装要设置醒目的警示标识和简明的中文警示说明。警示说明载明产品的特性、存在的有害因素、可能产生的危害后果、安全使用注意事项以及应急救治措施内容。

④储存场所。

⑤发生职业病危害事故现场。

(2)警示标识和设置高度。除警示线外,警示标识设置的高度,尽量与人眼的视线高度相一致,悬挂式和柱式的环境信息警示标识的下缘距地面的高度不宜小于2m;局部信息警示标识的设置高度以视具体情况确定。

(3)警示标识设置的要求:

①警示标识设在与职业病危险工作场所有关的醒目位置,并有足够的时间来注意它所表示的内容。

②警示标识不设在门、窗等可移动的物体上。警示标识前不得放置妨碍认读的障碍物。

③警示标识(不包括警示线)的平面与视线夹角应接近90°角,观察者位于最大观察距离时,最小夹角不低于75°角。

④警示标识设置的位置应具有良好的照明条件。

⑤警示标识(不包括警示线)的固定方式分附着式、悬挂式和柱式三种。悬挂式和附着式的固定要稳固不倾斜,柱式的警示标识和支架应牢固地连接在一起。

3)货运站标识标志

(1)货运站内应设置各种功能指示和服务标志标识,正门、主要入口处或咨询处应设有货运站整体布局图。

(2)货运站内设置的标志标识应清晰、完整、工作状态正常。

(3)货运站应设置站房、信息交易中心、仓库、堆场、停车场地、危险场所、厕所和道路等主要设施明显标识,导向标志的视觉效果不得有其他障碍物阻挡。

（4）主要道路地面应当标有紧急疏散方向的指示符号，进出通道及停车场应设置地面标线标识，引导货物、车辆安全通行。

（5）货运站内车辆导向标识内容、指示方位应当根据外部交通管制及站内营业布局的调整及时进行补充和更新，以保证导向标识的准确性及有效性。

（6）货运站内道路和停车场地应按照《道路交通标志和标线国家标准》（GB 5768）设置交通标志、划定交通标线和停车泊位，并悬挂明晰的指示牌。

（7）货运站内标识的中文文字应使用《国家通用语言文字规范手册》中规定的标准用字；货运站标识的图形符号采用《标志用公共信息图形符号》（GB/T 10001）中规定的图形符号；标准中没有的图形符号，可采用便于识别的图形符号。

第四章　危险源辨识与隐患排查治理

危险源是指一个系统中具有潜在能量和物质释放危险的、可造成人员伤害、在一定的触发因素作用下可转化为事故的部位、区域、场所、空间、岗位、设备及其位置。它的实质是具有潜在危险的源点或部位，是爆发事故的源头，是能量、危险物质集中的核心，是能量从那里传出来或爆发的地方。危险源存在于确定的系统中，不同的系统范围，危险源的区域也不同。例如，从全国范围来说，对于危险行业（如石油、化工等）具体的一个企业（如炼油厂）就是一个危险源。而从一个企业系统来说，可能是某个车间、仓库就是危险源，一个车间系统可能是某台设备是危险源；因此，分析危险源应按系统的不同层次来进行。一般来说，危险源可能存在事故隐患，也可能不存在事故隐患，对于存在事故隐患的危险源一定要及时加以整改，否则随时都可能导致事故。

实际中，对事故隐患的控制管理总是与一定的危险源联系在一起，因为没有危险的隐患也就谈不上要去控制它；而对危险源的控制，实际就是消除其存在的事故隐患或防止其出现事故隐患。所以，在实际中有时不加区别也使用这两个概念。

危险源应由三个要素构成：潜在危险性、存在条件和触发因素。危险源的潜在危险性是指一旦触发事故，可能带来的危害程度或损失大小，或者说危险源可能释放的能量强度或危险物质量的大小。危险源的存在条件是指危险源所处的物理、化学状态和约束条件状态。例如，物质的压力、温度、化学稳定性，盛

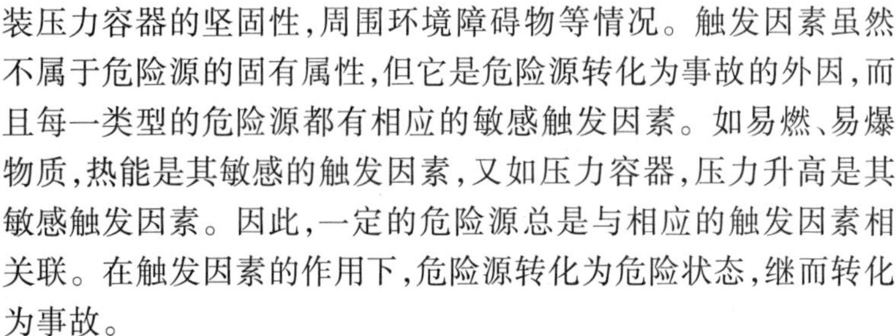

装压力容器的坚固性,周围环境障碍物等情况。触发因素虽然不属于危险源的固有属性,但它是危险源转化为事故的外因,而且每一类型的危险源都有相应的敏感触发因素。如易燃、易爆物质,热能是其敏感的触发因素,又如压力容器,压力升高是其敏感触发因素。因此,一定的危险源总是与相应的触发因素相关联。在触发因素的作用下,危险源转化为危险状态,继而转化为事故。

工业生产作业过程的危险源一般分为七类:

(1)化学品类:毒害性、易燃易爆性、腐蚀性等危险物品。

(2)辐射类:放射源、射线装置及电磁辐射装置等。

(3)生物类:动物、植物、微生物(传染病病原体类等)等危害个体或群体生存的生物因子。

(4)特种设备类:电梯、起重机械、锅炉、压力容器(含气瓶)、压力管道、客运索道、大型游乐设施、场(厂)内专用机动车。

(5)电气类:高电压或高电流、高速运动、高温作业、高空作业等非常态、静态、稳态装置或作业。

(6)土木工程类:建筑工程、水利工程、矿山工程、铁路工程、公路工程等。

(7)交通运输类:汽车、火车、飞机、轮船等。

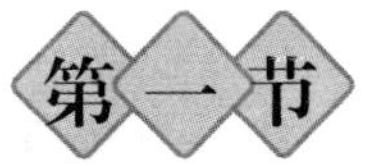

第一节 危险源辨识的基本知识

危险源辨识主要是对危险源的识别,对其性质加以判断,对可能造成的危害、影响进行提前进行预防,以确保生产的安全、稳定。危险源辨识可以理解为从企业的生产活动中识别出可能造成人员伤害、财产损失和环境破坏的因素,并判定其可能导致的事故类别和导致事故发生的直接原因的过程。

一、进行危险源辨识是国家安全生产法律法规的要求

《安全生产法》将“安全第一，预防为主，综合治理”定为我国安全生产工作的基本方针。这一方针是我国安全生产工作长期经验的总结，可以说是用鲜血和生命换来的。安全生产关系到人民群众生命和财产安全，关系到企业健康发展。实践证明，要搞好安全生产工作，必须坚定不移地贯彻、执行这一方针。

❶ 安全第一

就是在生产经营活动中，在处理安全与生产的关系上，要始终把安全放在首要位置，优先考虑从业人员的人身安全，实行“安全优先”的原则。在确保安全的前提下，努力实现生产经营目标。

❷ 预防为主

就是按照系统化、科学化的管理思想，按照事故发生的规律和特点，千方百计预防事故的发生，做到防患于未然，将事故消灭在萌芽状态。保证安全生产的各项措施中，把预防措施置于主导地位，把安全工作的重点放在事故和事故险兆发生之前。

(1)新建、改建、扩建工作及进行企业技术改造时，要全面考虑其技术条件符合劳动安全卫生的各项要求，劳动保护设施必须与主体工程同时设计、同时施工、同时投产。

(2)有计划地不断更新工艺设备，尽量采用符合劳动安全卫生要求的先进技术和装备，提高安全卫生的本质条件水平。

(3)采用系统工程等现代管理方法加强安全管理，及时消除各类事故隐患。

(4)开展经常性的安全教育和特种作业人员的培训，提高全员安全生产意识和防灾消灾能力。

(5)建立安全生产管理机构在计划、布置、检查、总结、评比生

产工作的同时，把安全工作作为重要内容，同时计划、布置、检查总结和评比，并加强监督检查。

❸ 综合治理

只有认真治理隐患，有效防范事故，才能把“安全第一”落到实处。事故源于隐患，防范事故的有效办法，就是主动排查、综合治理各类隐患，把事故消灭在萌芽状态。综合治理是安全生产方针的基石，是安全生产工作的重心所在。“贯彻党的安全生产方针，必须坚持标本兼治，重在治本。坚持标本兼治，探寻和采取治本之策。综合运用经济手段、法律手段和必要的行政手段，从发展规划、行业管理、安全投入、科技进步、经济政策、教育培训、安全立法、激励约束、企业管理、监管体制、社会监督以及追究事故责任、查处违法违纪等方面着手，解决影响制约安全生产的历史性、深层次问题，建立安全生产长效机制。”

二、进行危险源辨识是企业实现安全生产目标的要求

企业的生产安全管理实际就是风险管理，管理的内容包括危险源辨识、风险评价、危险预警与监测管理、事故预防与风险控制管理及应急管理。企业为实现自己的生产经营目标，必须要加强安全管理，辨识生产经营过程中的各种危险有害因素、评价风险、制定预防措施，最大限度的控制事故的发生，保障从业人员的生命安全，减少财产损失。

三、进行危险源辨识是员工自我保护的需要

生产经营活动中存在着诸多危险有害因素，从业人员在从事生产经营活动时，为了保证自己的健康与安全，必须要及时辨识

出各种危险,提前做好预防和控制这些危险的措施,以此来规避事故风险,保护自己在从事生产经营活动中的安全与健康。

四、进行危险源辨识是生产经营单位建立与运行职业健康安全管理体系的要求

企业建立与运行职业健康安全管理体系的目的是实现事故预防,而危险源是导致事故的根源。所以危险源是职业健康安全的核心问题,而危险源辨识则是危险源控制的起点。危险源的辨识是企业建立职业健康安全管理体系的初始评审阶段的一项主要工作,同时也是体系的核心要素。因此危险源的辨识格外重要。

第二节　危险源辨识的基本要求

一、危险源辨识范围:所有常规和非常规活动,所有人员,所有设备设施(包括可能接触的外单位的作业设备设施)。

二、危险源辨别内容:人的不安全行为,物的不安全状态,环境的不安全因素和管理缺陷。

三、针对具体作业活动进行危险源识别时,要从作业活动必需的防护用品,使用的工器具,全员作业行为,接触和使用的设备设施(建、构筑物),相关方(人员),作业环境6个方面的内容和顺序进行辨识。

四、危险源辨识应全面分析设备、材料性质、生产工艺、作业条件、生产经验、组织管理措施等方面可能引发事故的潜在问题。

五、危险源辨识应考虑"三、三、三、七"的要求。所谓"三、三、三、七",是指三种状态,三种时态,三个全部,七种类型。三种状态:正常、异常、紧急;三种时态:过去、现在、将来;三个全部:全部

活动、全部人员、全部设备;七种类型(安全):机械能、电能、热能、化学能、放射性、生物因素、人机工程因素(生理、心理)。

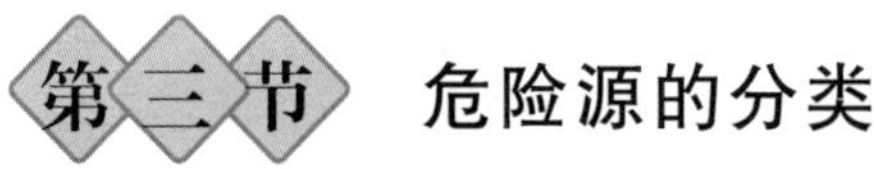

第三节　危险源的分类

一、按事故发生发展过程中的作用分类

根据危险源在事故发生发展过程中的作用,把危险源划分为两大类。

❶ 第一类危险源

根据能量意外释放理论,能量或危险物质的意外释放是伤亡事故发生的物理本质。因此把系统中存在的、可能发生意外释放的能量或危险物质称作第一类危险源(包括各种能量源和能量载体)。为了防止第一类危险源导致事故,必须采取措施约束、限制能量或危险物质,控制危险源。

❷ 第二类危险源

正常情况下,系统中能量或危险物质受到约束或限制,不会发生意外释放,即不会发生事故。但是,一旦这些约束或限制能量或危险物质的措施受到破坏或失效,则将发生事故。因此把导致约束、限制能量措施失效或破坏的各种不安全因素称作第二类危险源(人—物—环境)。第二类危险源主要包括物的故障、人的失误、环境因素三个方面。对第一类危险源,生产经营单位通过制定的相关管理办法或其他管理制度,规范人的行为、物的状态和环境因素,控制事故的发生,这些办法或制度则是限制措施。但如果设备存在不安全状态、作业人员在作业过程中违规作业、作业场所环境中有不安全因素,这些不安全因素就是第二类危险源。

❸ 事故起因分析

一起伤亡事故的发生往往是两类危险源共同作用的结果。第一类危险源是伤亡事故发生的能量主体,决定事故后果的严重程度。第二类危险源是第一类危险源造成事故的必要条件,决定事故发生的可能性。两类危险源相互关联、相互依存。第一类危险源的存在是第二类危险出现的前提,第二类危险源的出现是第一类危险源导致事故的必要条件。因此,危险源辨识的首要任务是辨识第一类危险源,在此基础上再辨识第二类危险源。

二、按导致事故的直接原因进行分类

根据《生产过程危险和有害因素分类与代码》(GB/T 13681—2009)的规定,将生产过程中的危险和有害因素分为5大类:

❶ 物理性危险、有害因素

(1)设备设施缺陷。
(2)防护缺陷。
(3)电危害。
(4)噪声。
(5)振动危害。
(6)电磁危害。
(7)运动物危害。
(8)明火。
(9)高温物质。
(10)低温物质。
(11)粉尘和气溶胶。
(12)作业环境不良。
(13)信号缺陷。

(14)标志缺陷。
(15)其他物理性危险和有害因素。

❷ 化学性危险、有害因素

(1)易燃易爆性物质。
(2)自燃性物质。
(3)有毒物质。
(4)腐蚀性物质。
(5)其他化学性危险有害因素。

❸ 生物性危险、有害因素

(1)致病微生物。
(2)传染病媒介物。
(3)致害动物。
(4)致害植物。
(5)其他生物性危险有害因素。

❹ 心理生理危险、有害因素

(1)负荷超限。
(2)健康状况异常。
(3)从事禁忌作业。
(4)心理异常。
(5)辨识功能缺陷。
(6)其他心理生理危险有害因素。

❺ 行为性危险、有害因素

(1)指挥错误。
(2)操作错误。
(3)监护错误。
(4)其他错误。

(5)其他行为性危险有害因素。

(6)其他危险、危害因素。

三、参照事故类别分类

危险源是导致事故的根源,危险源辨识既要识别危险、有害因素,又要判定可能导致的事故类别。事故在 GB/T 28001—2001—3.1 中被定义为“造成死亡、疾病、伤害、损坏或其他损失的意外情况”。职业健康安全管理体系(OHSMS)关注的是活动和过程的非预期结果,这些非预期的结果可能是负面的、不良的,甚至是恶性的。对于人员来说,这种不良结果可能是死亡、疾病和伤害。

按《企业职工伤亡事故分类》(GB 6441—1986),根据导致事故的原因、致伤物和伤害方式等,将危险因素分为 20 类:

(1)物体打击。

(2)车辆伤害。

(3)机械伤害;被物体绞、碾、挂、割、挤、撞击等。

(4)起重伤害。

(5)触电。

(6)淹溺。

(7)灼伤。

(8)火灾。

(9)高处坠落。

(10)坍塌。

(11)冒顶片帮。

(12)透水。

(13)放炮。

(14)火药爆炸。

(15)瓦斯爆炸。

(16)锅炉爆炸。

(17)容器爆炸。

(18)其他爆炸。

(19)中毒和窒息。

(20)其他伤害。

第四节 危险源辨识与评价方法

一、危险源辨识

危险源辨识就是识别危险源并确定其特性的过程。危险源辨识不但包括对危险源的识别,而且必须对其性质加以判断。

危险源辨识的目的就是通过对系统的分析,界定出系统中的哪些部分、区域是危险源,其危险的性质、危害程度、存在状况、危险源能量与物质转化为事故的转化过程规律、转化的条件、触发因素等。以便有效地控制能量和物质的转化,使危险源不至于转化为事故。它是利用科学方法对生产过程中那些具有能量、物质的性质、类型、构成要素、触发因素或条件,以及后果进行分析与研究,作出科学判断,为控制事故发生提供必要的、可靠的依据。

危险源辨识方法:危险源辨识方法可以粗略地分为对照法和系统安全分析法两大类 。

对照法:安全检查表法、询问交谈法、现场观察法、问卷调查法、查阅相关记录、获取外部信息、工作任务分析等 。

系统安全法:危险与可操作性研究、事件树分析、故障树分析等。

二、风险评价

按照风险评价结果的量化程度,评价方法可分为定性风险评价法和定量风险评价。常见的风险评价方法有两种：专家现场询问观察法和作业条件危险性评价法（LEC 法）。

通常情况下，针对以一般危险源采用 LEC 法对其风险程度进行评价。

❶ 判定准则

（1）危险性指数大于 320 的，确定为一级。

（2）危险性指数大于或等于 161 但小于或等于 320 的，确定为二级。

（3）危险性指数大于或等于 71 但小于或等于 160 的，确定为三级。

（4）危险性指数大于或等于 20 但小于或等于 70 的，为四级。

（5）危险性指数小于 20 的不列入等级。

❷ 判定方法

作业危险性指数是下列三个因素的乘积（表 4-1 ~ 表 4-4）：

$$危险指数\ D = LEC$$

式中：L——发生危险事件的可能性；

E——作业者在危险环境下的状况；

C——事故的可能后果。

发生危险事件的可能性（L） 表 4-1

L	分　数
完全预料到	10
相当可能	6
不经常，但可能	3
意外，很少可能	1
可以设想，但极少可能	0.5
极不可能	0.2
实际上不可能	0.1

作业者在危险环境中的状况(E) 表4-2

E	分　值
连续处在危险环境中	10
每天在有危险的环境中工作	6
每周一次在危险环境中工作	3
每月一次在危险环境中工作	2
每年一次在危险环境中工作	1
极难出现在危险环境中工作	0.5

事故的可能后果(C) 表4-3

现　象	可能后果	分　值
大灾难	多人死亡	100
灾难	数人死亡	40
非常严重	一人死亡	15
严重	严重致残	7
重大	手足伤残	6
较大	受伤较重	3
引人注目	轻伤	1

危险指数评价(D) 表4-4

D	危险程度	风险等级
>320	极度危险,不能继续作业	一级
161~320	高度危险,要立即整改	二级
70~160	显著危险,需要整改	三级
20~70	一般危险,需要注意	四级
≤20	稍有危险,可以接受	不入级

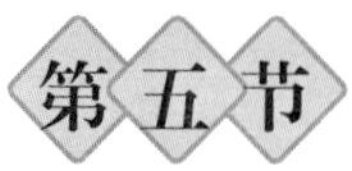

第五节 重大危险源辨识依据

在对重大危险源进行评价、判断时,一般依据《重大危险源辨识标准》的相关内容及标准执行。

重大危险源辨识标准规定了辨识重大危险源的依据和方法，以及计算重大危险源辨识临界量和最大量的方法。

一、适用范围

❶ 适用的范围

(1)危险物质的生产、使用、储存和经营等各企业或组织。

(2)矿山、采石场中矿物的化学与热力学性质的加工工艺活动和与这些工艺活动相关的，属于表1中危险物质的储存活动。

(3)厂内危险物质的运输。

❷ 不适用的范围

(1)核设施和加工放射性物质的工厂，但这些设施和工厂中处理非放射性物质的部门除外。

(2)军事设施。

(3)矿山、采石场中矿物的开采、勘探、提取、加工。

(4)厂外危险物质的运输。

(5)地下储罐。

二、引用标准

下列标准包含的条文，通过的各方应探讨使用下列标准最新版本的可能性。

《危险货物品名表》(GB 12268—2005)在本标准中引用而构成为本标准的条文。在标准出版时，所示版本均为有效。

三、定义

❶ 单元

单元指一个(套)生产装置、设施或场所,或同属一个工厂的且边缘距离小于500m 的几个(套)生产装置、设施或场所。

❷ 临界量

临界量指对于某种或某类危险物质规定的数量,若单元中的物质数量等于或超过该数量,则该单元定为重大危险源。

❸ 危险物质

一种物质或若干种物质的混合物,由于它的化学、物理或毒性特性,使其具有易导致火灾、爆炸或中毒的危险。

❹ 重大事故

工业活动中发生的重大火灾、爆炸或毒物泄漏事故,并给现场人员或公众带来严重危害,或对财产造成重大损失,对环境造成严重污染。

❺ 重大危险

长期地或临时地生产、加工、搬运、使用或储存危险物质,且危险物质的数量等于或超过临界量的单元。

四、辨识

重大危险源的分类:重大危险源分为生产场所重大危险源和储存区重大危险源两种。

生产场所重大危险源:根据物质不同的特性,生产场所重大危险源按以下 4 类物质的品名[品名引用《危险货物品名表》

(GB 12268—2005)]及其临界量加以确定。

(1)爆炸性物质名称及临界量见表4-5。

爆炸性物质名称及临界量　　表4-5

序号	物质名称	临界量(t)	
		生产场所	储存区
1	雷(酸)汞	0.1	1
2	硝化丙三醇	0.1	1
3	二硝基重氮酚	0.1	1
4	二乙二醇二硝酸酯	0.1	1
5	脒基亚硝氨基脒基四氮烯	0.1	1
6	迭氮(化)钡	0.1	1
7	迭氮(化)铅	0.1	1
8	三硝基间苯二酚铅	0.1	1
9	六硝基二苯胺	5	50
10	2,4,6-三硝基苯酚	5	50
11	2,4,6-三硝基苯甲硝胺	5	50
12	2,4,6-三硝基苯胺	5	50
13	三硝基苯甲醚	5	50
14	2,4,6-三硝基苯甲酸	5	50
15	二硝基(苯)酚	5	50
16	环三次甲基三硝胺	5	50
17	2,4,6-三硝基甲苯	5	50
18	季戊四醇四硝酸酯	5	50
19	硝化纤维素	10	100
20	硝酸铵	25	250
21	1,3,5-三硝基苯	5	50
22	2,4,6-三硝基氯(化)苯	5	50
23	2,4,6-三硝基间苯二酚	5	50
24	环四次甲基四硝胺	5	50
25	六硝基-1,2-二苯乙烯	5	50
26	硝酸乙酯	5	5

(2)易燃物质名称及临界量见表 4-6。

易燃物质名称及临界量 表 4-6

序号	类别	物质名称	临界量(t)	
			生产场所	储存区
1	闪点<28℃的液体	乙烷	2	20
2		正戊烷	2	20
3		石脑油	2	20
4		环戊烷	2	20
5		甲醇	2	20
6		乙醇	2	20
7		乙醚	2	20
8		甲酸甲酯	2	20
9		甲酸乙酯	2	20
10		乙酸甲酯	2	20
11		汽油	2	20
12		丙酮	2	20
13		丙烯	2	20
14	28℃≤闪点<60℃的液体	煤油	10	100
15		松节油	10	100
16		2-丁烯-1-醇	10	100
17		3-甲基-1-丁醇	10	100
18		二(正)丁醚	10	100
19		乙酸正丁酯	10	100
20		硝酸正戊酯	10	100
21		2,4-戊二酮	10	100
22		环己胺		100
23		乙酸	10	100
24		樟脑油	10	100
25		甲酸	10	100

续上表

序号	类别	物 质 名 称	临界量(t)	
			生产场所	储存区
26	爆炸下限≤10%气体	乙炔	1	10
27		氢	1	10
28		甲烷	1	10
29		乙烯	1	10
30		1,3－丁二烯	1	10
31		环氧乙烷	1	10
32		一氧化碳和氢气混合物	1	10
33		石油气	1	10
34		天然气	1	10

(3)活性化学物质名称及临界量见表4-7。

活性化学物质名称及临界量 表4-7

序号	物 质 名 称	临界量(t)	
		生产场所	储存区
1	氯酸钾	2	20
2	氯酸钠	2	20
3	过氧化钾	2	20
4	过氧化钠	2	20
5	过氧化乙酸叔丁酯(浓度≥70%)	1	10
6	过氧化异丁酸叔丁酯(浓度≥80%)	1	10
7	过氧化顺式丁烯二酸叔丁酯(浓度≥80%)	1	10
8	过氧化异丙基碳酸叔丁酯(浓度≥80%)	1	10
9	过氧化二碳酸二苯甲酯(盐度≥90%)	1	10
10	2,2－双－(过氧化叔丁基)丁烷(浓度≥70%)	1	10
11	1,1－双－(过氧化叔丁基)环已烷(浓度≥80%)	1	10

续上表

序号	物 质 名 称	临界量(t)	
		生产场所	储存区
12	过氧化二碳酸二仲丁酯(浓度≥80%)	1	10
13	2,2－过氧化二氢丙烷(浓度≥30%)	1	10
14	过氧化二碳酸二正丙酯(浓度≥80%)	1	10
15	3,3,6,6,9,9－六甲基－1,2,4,5－四氧环壬烷	1	10
16	过氧化甲乙酮(浓度≥60%)	1	10
17	过氧化异丁基甲基甲酮(浓度≥60%)	1	10
18	过乙酸(浓度≥60%)	1	10
19	过氧化(二)异丁酰(浓度≥50%)	1	10
20	过氧化二碳酸二乙酯(浓度≥30%)	1	10
21	过氧化新戊酸叔丁酯(浓度≥77%)	1	10

(4)有毒物质名称及临界量见表4-8。

有毒物质名称及临界量 表4-8

序号	物 质 名 称	临界量(t)	
		生产场所	储存区
1	氨	40	100
2	氯	10	25
3	碳酰氯	0.30	0.75
4	一氧化碳	2	5
5	二氧化硫	40	100
6	三氧化硫	30	75
7	硫化氢	2	5
8	羰基硫	2	5
9	氟化氢	2	5
10	氯化氢	20	50

续上表

序号	物 质 名 称	临界量(t)	
		生产场所	储存区
11	砷化氢	0.4	1
12	锑化氢	0.4	1
13	磷化氢	0.4	1
14	硒化氢	0.4	1
15	六氟化硒	0.4	1
16	六氟化碲	0.4	1
17	氰化氢	8	20
18	氯化氰	8	20
19	乙撑亚胺	8	20
20	二硫化碳	40	100
21	氮氧化物	20	50
22	氟	8	20
23	二氟化氧	0.4	1
24	三氟化氯	8	20
25	三氟化硼	8	20
26	三氯化磷	8	20
27	氧氯化磷	8	20
28	二氯化硫	0.4	1
29	溴	40	100
30	硫酸(二)甲酯	20	50
31	氯甲酸甲酯	8	20
32	八氟异丁烯	0.30	0.75
33	氯乙烯	20	50
34	2－氯－1,3－丁二烯	20	50
35	三氯乙烯	20	50

续上表

序号	物质名称	临界量(t)	
		生产场所	储存区
36	六氟丙烯	20	50
37	3－氯丙烯	20	50
38	甲苯－2,4－二异氰酸酯	40	100
39	异氰酸甲酯	0.30	0.75
40	丙烯腈	40	100
41	乙腈	40	100
42	丙酮氰醇	40	100
43	2－丙烯－1－醇	40	100
44	丙烯醛	40	100
45	3－氨基丙烯	40	100
46	苯	20	50
47	甲基苯	40	100
48	二甲苯	40	100
49	甲醛	20	50
50	烷基铅类	20	50
51	羰基镍	0.4	1
52	乙硼烷	0.4	1
53	戊硼烷	0.4	1
54	3－氯－1,2－环氧丙烷	20	50
55	四氯化碳	20	50
56	氯甲烷	20	50
57	溴甲烷	20	50
58	氯甲基甲醚	20	50
59	一甲胺	20	50
60	二甲胺	20	50
61	N,N－二甲基甲酰胺	20	50

五、储存区重大危险源

储存区重大危险源的确定方法与生产场所重大危险源基本相同，只是因为工艺条件较为稳定，临界量数值较大，具体数值见表4-5～表4-8。

六、重大危险源的辨识指标

单元内存在危险物质的数量等于或超过表4-5～表4-8规定的临界量，即被定为重大危险源。单元内存在危险物质的数量根据处理物质种类的多少区分为以下两种情况：

(1)单元内存在的危险物质为单一品种，则该物质的数量即为单元内危险物质的总量，若等于或超过相应的临界量，则定为重大危险源。

(2)单元内存在的危险物质为多品种时，则按下式计算，若满足下式，则定为重大危险源：

$$q_1/Q_1 + q_2/Q_2 + \cdots + q_n/Q_n \geqslant 1$$

式中：$q_1, q_2, \cdots, q_n$——每种危险化学品实际存在量，t；

$Q_1, Q_2, \cdots, Q_n$——与各危险化学品相对应的临界量，t。

第六节　重大危险源监管及备案要求

一、重大危险源监管

要有效控制重大事故，必须从防止隐患条件和激发条件产生入手，对重大危险源进行全面监控，严密监视重大危险源的安全

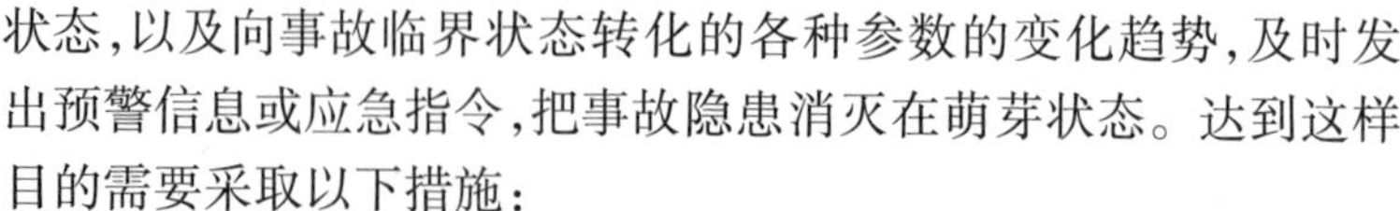

状态，以及向事故临界状态转化的各种参数的变化趋势，及时发出预警信息或应急指令，把事故隐患消灭在萌芽状态。达到这样目的需要采取以下措施：

（1）在重大危险源现场设置明显的安全警示标志，并加强重大危险源的监控和有关设备、设施的安全管理。

（2）对重大危险源进行经常性的检测，并做好检测纪录。

（3）根据可能引起灾害场所，设置必要的报警器。

重大危险源控制管理是一项系统工程，主要任务是对重大危险源的普查辨识登记，进行检测评估，实施监控防范，对有缺陷和存在事故隐患的危险源实施治理。通过对重大危险源的控制管理，使企业强化内部管理，落实措施，自主保安，实现重大危险源监督管理工作的科学化、制度化和规范化。具体做好以下工作：

（1）普查辨识，做好重大危险源登记建档工作。

（2）建立健全本单位重大危险源安全管理规章制度，落实重大危险源安全管理和监控责任，制定重大危险源安全管理与监控的实施方案。

（3）对从业人员进行安全教育和技术培训，使其掌握本岗位的安全操作技能和在紧急情况下应当采取的应急措施。

（4）对重大危险源的安全状况进行定期检查，并建立重大危险源安全管理档案；对存在事故隐患和缺陷的重大危险源认真进行整改，不能立即整改的，必须采取切实可行的安全措施，防止事故发生。

（5）生产经营单位应将重大危险源可能发生事故的应急措施信息告知相关单位和人员。

（6）制定重大危险源应急救援预案，落实应急救援预案的各项措施。每年进行一次事故应急救援演练。

（7）当重大危险源的生产过程、材料、工艺、设备、防护措施和环境等因素发生重大变化，或者国家有关法规、标准发生变化时，企业应当对重大危险源重新进行安全评估。

(8)贯彻执行国家、地区、行业的技术标准,推动技术进步,不断改进监控管理手段,提高监控管理水平,提高重大危险源的安全稳定性。

(9)安全办公室每年应至少组织一次危险源辨识,当有新的设施或场所构成重大危险源时应纳入重大危险源管理,并及时上报主管部门

(10)严格值班制度:电站24h值班,由运行值班人员负责,对上述几个点实行24h全球眼监控,遇有问题及时处理、报告。

二、重大危险源备案要求

❶ 备案程序

(1)重大危险源辨识。生产经营单位应依据《中华人民共和国安全生产法》、《危险化学品重大危险源辨识》(GB 18218—2009)等相关标准和国家安全生产监督管理总局《关于开展重大危险源监督管理工作的指导意见》(安监管协调字〔2004〕56号)的规定辨识重大危险源。

(2)重大危险源评估。对生产经营单位新构成的重大危险源,重大危险源所属单位应及时申报、登记、建档,并及时进行评估、分级。

①重大危险源监控管理状况的评估、分级应委托有安全评价资质的、能为生产经营单位提供技术服务的中介机构进行。

②对已进行安全评价,或者在安全许可换证、生产经营现状评价中已经进行评价的重大危险源,原则上由生产经营单位聘请至少3名以上专家进行审查或者论证,确定等级,提出管理措施。

③中介机构出具的重大危险源监控管理状况评估报告应数

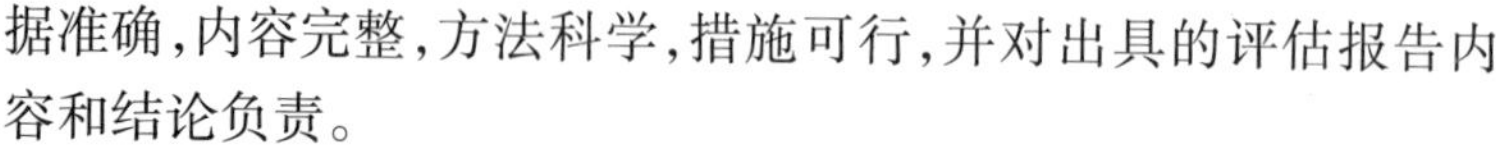

据准确,内容完整,方法科学,措施可行,并对出具的评估报告内容和结论负责。

(3)提出申请。生产经营单位申请备案应提交下列材料,一式三份:

①重大危险源辨识、分级记录。

②化学品安全技术说明书。

③重大危险源安全管理规章制度及安全操作规程清单。

④事故应急预案、评审意见、演练计划和评估报告。

⑤重大危险源关键装置、重点部位责任人、责任机构名称。

⑥重大危险源基本特征表。

⑦区域位置图、平面布置图、工艺流程图和主要设备表。

⑧安全监测监控系统、措施说明和检测检验结果。

⑨安全评价或评估报告。

⑩重大危险源场所安全警示标志的设置情况。

⑪其他文件、资料。

(4)备案登记。重大危险源监控管理状况的评估报告应按照等级分级报送当地安全生产监督管理部门备案登记:一、二级重大危险源报省级安全生产监督管理部门,三级重大危险源报市级安全生产监督管理部门,四级重大危险源报县级安全生产监督管理部门。

❷ 备案要求

(1)生产经营单位应定期对其重大危险源监控管理状况进行评估、分级。根据评估结果制定监控方案,并将评估结果和监控方案报告安全生产监督管理部门和负有安全生产监督管理职责的有关部门。存在剧毒物质的重大危险源,应当每年进行一次安全评估,其他危险源应当每两年进行一次安全评估和分级。

(2)生产经营单位对已关停或技术改造后不构成重大危险源

的，经过安全评估确认后，应向当地安全生产监督管理部门和负有安全生产监督管理职责的有关部门报告备案登记。当地安全生产监督管理部门应根据安全评估报告及时撤销对其重大危险源的监督管理，并报上级安全生产监督管理部门备案。

(3)涉及以下基本信息内容变更的，重大危险源所属单位应及时上报：

①单位名称；

②法定代表人；

③单位地址；

④联系方式；

⑤危险源种类及基本特征；

⑥应急救援预案。

对信息变更后涉及重大危险源等级变化的，应由具备安全评价资质的机构对变更后的现状及时进行评估。

作业场所可能存在的危险有害因素

一、人的不安全行为

道路货运站是各多工种相互协作，共同完成工作任务的工作地点。同时人作为安全生产事故中的最主要因素，理应受到关注。道路货运站相关人员包括仓管员、调度员、装卸员、车辆例检员、装卸管理员、车辆引导员等岗位。在研究事故发生机理时，人的不安全行为占到了相当大的比例。

不安全行为指的是可能导致超出人们接受界限的后果或可能导致不良影响的行为。按行为的主体来分类，不安全行为可以

划分为组织的不安全行为和个体的不安全行为。

组织的不安全行为指的是在组织的经营宗旨、政策、措施等经营战略中没有把安全放在应有的位置上,没有制订或者没有完善安全生产的规划和措施,在具体的经营过程中,忽视安全管理,给安全生产带来不良影响的现象。具体表现为过分强调经济效益,忽视安全投入;在技术和设计上没有完善的安全设施;对员工的教育和培训不够;劳动组织不合理;对安全生产工作缺乏检查和指导;没有建立和完善安全生产的规章制度;对事故隐患没有及时进行整改。

个体的不安全行为指的是个体从事的导致事故或不良影响的行为。具体表现为违反规章制度,违反操作规程,违反劳动纪律。

个体的不安全行为不仅受人的思想、动机的支配,而且受政治、经济、社会、家庭环境的影响,同时又与行为人的工作经验、技术水平、安全素质、身体条件等有关,有一定的随机性和偶然性,表现出明显的个性特征,有时难以预测和控制。事实证明,人出现一次不安全行为,不一定就会发生事故、造成伤害。然而不安全行为,一定会导致事故。

产生不安全行为的主要原因:一是由于技术不熟练,对现场不熟悉、或因情况紧急、时间紧迫,慌乱而产生误判断;二是由于标准不完备,制度不健全,操作上的经验主义,认识和确认的失误,因情况复杂而判断错误;三是由于领导掌握知识不足、对员工安全教育不够,或因其他事件干扰,分散了领导对安全生产的注意力,以致判断失误,导致违章指挥。

❶ 不安全行为的心理原因

个体人经常地稳定表现得能力、性格等心理特点的总和,称为个性心理特征。这是在人的先天条件基础上,受到社会条件影响，经过具体实践活动，接受教育而逐渐形成、发展的。人的个性心理特征，不会完全相同。人的性格是个性心理的核心，因此，性格能决定人对某种情况的态度和行为。鲁莽、草率、懒惰等性格，往往成为产生不安全行为的原因。

非理智行为在引发为事故的不安全行为中，所占比例相当大，在生产中出现的违章、违纪现象，都是非理智行为的表现，冒险蛮干则表现得尤为突出。非理智行为的产生，多由于侥幸、逞能、逆反、凑兴等心理所支配。在安全管理过程中，控制非理智行为的任务是相当重的，也是非常严肃、非常细致的一项工作。

实践证明，不安全行为的心理有9种。

(1)马虎心理：做事情心不在焉，没有经过大脑思考就进行工作。

(2)侥幸心理：制度设计或实际操作嫌麻烦，总想走“捷径”，违背了事物的运行规律。

(3)自满心理：对重复的事情不重视，犯经验主义错误。

(4)浮躁心理：心理处于不稳定状态。

(5)投机心理：没有科学的头脑，要小聪明。

(6)逆反心理：不尊重科学或不满意管理，做事情与你对着干。

(7)莽撞心理：做事情不计后果。

(8)懒散心理：不愿意动脑，删减安全操作程序。

(9)盲从心理：跟随别人，不动自己的头脑。

因此，及时发现工作人员存在的不健康心理因素，并采取对策加以消除，是安全生产管理者值得注意的一种行之有效的工作方法。

❷ 不安全行为的后果及预防措施

通过对货运站内各工种员工常见的不安全行为、后果及预防

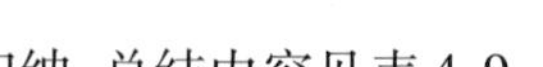

措施进行总结归纳,总结内容见表4-9。

作业人员不安全行为 表4-9

岗位	危险有害因素	导致后果	预防措施
装卸员	未佩戴安全防护措施,导致中毒或伤害	人员伤害	(1)加强职业健康安全培训教育; (2)加强员工对危险货物的熟悉程度,并建立安全意识
	操作不当,导致货物泄漏	车辆受损、人员伤害	(1)加强安全操作规程的培训; (2)建立安全操作制度,严格遵守
	未进行静电连接,静电起火	火灾爆炸,人车受损	(1)加强车辆作业前的检查,做好准备工作; (2)加强安全教育、技术措施的普及
	货物固定不牢,无牢固措施,货物倾倒泄漏	车辆受损、人员伤害	(1)加强安全培训教育,严格遵守各项规章制度; (2)驾车前严格进行车辆检查,防止安全隐患的存在; (3)对货物进行固定,严禁货物可移动
	货物密封不符合要求,导致货物泄漏	车辆受损、人员伤害	(1)加强安全培训教育,严格遵守各项规章制度; (2)驾车前严格进行车辆检查,防止安全隐患的存在; (3)对货物进行固定,确定货物封口严密
	操作不当、导致货物标志标识脱落	车辆受损、人员伤害	(1)加强安全培训教育,严格遵守各项规章制度; (2)发车前对货物进行安全检查,严禁标志不全的货物发车

续上表

岗位	危险有害因素	导致后果	预防措施
车辆例检员	工作马虎大意，车辆及货物隐藏故障未检测出	车辆受损、人员伤害	(1)加强安全培训教育，严格遵守各项规章制度； (2)严格执行安全检查制度
	消防器材配备不足	车辆受损、人员伤害	(1)加强安全培训教育，严格遵守各项规章制度； (2)加强消防器材的配备，定期检查补充
	驾驶员身体或心理异常，未阻止	车辆受损、人员伤害	(1)加强安全培训教育，严格遵守各项规章制度； (2)车辆及人员异常状况严禁外出
	车辆检维修过程，误操作	车辆受损、人员伤害	(1)加强安全培训教育，严格遵守各项规章制度； (2)按照操作规程进行操作
装卸管理员	未对员工进行岗前教育	车辆受损、人员伤害	(1)加强安全培训教育，严格遵守各项规章制度； (2)严格进行岗前教育，并记录在案
	未对装卸人员操作进行管理	车辆受损、人员伤害	(1)加强安全培训教育，严格遵守各项规章制度； (2)集中学习安全操作规程
	未清理作业场地或对作业区域进行限制	车辆受损、人员伤害	(1)加强安全培训教育，严格遵守各项规章制度； (2)对操作区域场所进行清理，严格控制无关人员进入

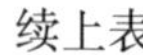

续上表

岗位	危险有害因素	导致后果	预防措施
车辆引导员	对车辆进行错误引导,车辆停放不适当	车辆受损、人员伤害	(1)加强安全培训教育,严格遵守各项规章制度; (2)对引导员进行考核考试,考试不合格者严禁上岗作业
	指示信号或手令错误,误导驾驶员	车辆受损、人员伤害	(1)加强安全培训教育,严格遵守各项规章制度; (2)采取明确的指令信号,加强对指令信号的学习
	引导无序,与其他车辆发生碰撞	车辆受损、人员伤害	(1)加强安全培训教育,严格遵守各项规章制度; (2)建立有序的引导作业流程及车辆顺序表,进行有序引导
仓管员	未能严格执行入库手续,未能核实是否与订单一致	货物丢失	(1)加强安全培训教育,严格遵守各项规章制度; (2)及时针对仓管员错误操作进行批评、教育
	未能对所辖仓库现场各类外来车辆的监管	车辆受损、人员伤害	(1)加强安全培训教育,严格遵守各项规章制度; (2)按时对仓管员监管情况进行检查
	未能对所辖仓库内配备的各类消防器材、劳保用品、仓库设备设施的日常检查;确保各类消防器材、劳保用品、仓库设备设施处于安全可用状态	人员伤害、火灾等事故发生	(1)加强安全培训教育,严格遵守各项规章制度; (2)针对仓管员的工作进行检查
	未针对仓库现场外来人员(包括外来施工人员、参观人员、接送货人员、公司内非仓库内人员)监管	车辆受损、人员伤害、货物丢失	(1)加强安全培训教育,严格遵守各项规章制度; (2)及时针对仓管员错误操作进行批评、教育

续上表

岗位	危险有害因素	导致后果	预 防 措 施
车辆调度员	未能掌握车辆技术状况,熟悉调度工作的各个环节,掌握工作程序	车辆受损、人员伤害	(1)加强安全培训教育,严格遵守各项规章制度; (2)对车辆调度员定期进行实际操作学习,实际考核不通过者不予通过
	未能按照车辆使用管理规定,进行安全调配危险化学品车辆,做到统筹安排、处理好轻重缓急,合理使用	车辆受损、人员伤害	(1)加强安全培训教育,严格遵守各项规章制度; (2)对车辆调度员定期进行实际操作学习,实际考核不通过者不予通过
	未作好各个车辆行驶里程的统计,保证大修、报废,更新等工作的进行	车辆受损、人员伤害	(1)加强安全培训教育,严格遵守各项规章制度; (2)严格按照规定记录车辆相关信息,并对违规者进行处理

二、物的不安全状态

❶ 能量的意外释放

人机系统把生产过程中并发挥一定作用的机械、物料、生产对象以及其他生产要素统称为物。物都具有不同形式、性质的能量,有出现能量意外释放,引发事故的可能性。由于物的能量可能释放引起事故的状态,称为物的不安全状态。这是从能量与人的伤害间的联系所给予的定义。如果从发生事故的角度,也可把物的不安全状态看作为,曾引起或可能引起事故的物的状态。

在生产过程中,物的不安全状态极易出现。所有的物的不安全状态,都与人的不安全行为或人的操作、管理失误有关。往往在物的不安全状态背后,隐藏着人的不安全行为或人失误。物的不安全状态既反映了物的自身特性,又反映了人的素质和人的决策水平。

物的不安全状态的运动轨迹,一旦与人的不安全行为的运动轨迹交叉,就是发生事故的时间与空间。所以,物的不安全状态是发生事故的直接原因。因此,正确判断物的具体不安全状态,控制其发展,对预防、消除事故有直接的现实意义。针对生产中物的不安全状态的形成与发展,在进行施工设计、工艺安排、施工组织与具体操作时,采取有效的控制措施,把物的不安全状态消除在生产活动进行之前,或引发为事故之前,是安全管理的重要任务之一。

消除生产活动中物的不安全状态,是生产活动所必需的,又是“预防为主”方针落实的需要,同时,也体现了生产组织者的素质状况和工作才能。

1)能量的约束与释放

能量意外释放与控制方法生产活动中一时也未间断过能量的利用,在利用中,人们给以能量种种约束与限制,使之按人的意志进行流动与转换,正常发挥能量用以做功。一旦能量失去人的控制,便会立即超越约束与限制,自行开辟新的流动渠道,出现能量的突然释放,于是,发生事故的可能性就随着突然释放而变得完全可能。

突然释放的能量,如果达及人体又超过人体的承受能力,就会酿成伤害事故。从这个观点去看,事故是不正常或不希望的能量意外释放的最终结果。

一切机械能、电能、热能、化学能、声能、光能、生物能、辐射能等,都能引发伤害事故。能量超过人的机体组织的抵抗能力,造成人体的各种伤害。人与环境的正常能量交换受到干扰,造成窒息或淹溺。能量媒介或载体与人体接触,将会把能量传递给人体造成伤害。

能量的类别不同,在突然释放时,所造成的人体伤害差别很大,造成事故的类别也是完全不同的。

人与能量接触而受到刺激,能否造成伤害和伤害程度,完全取决于作用能量的大小。能量与人接触的时间长短,接触频率高低,集中程度,接触人体部位等,也会影响对人的伤害严重程度。

人丧失了对能量的有效约束与控制,是能量意外释放的直接原因和根本原因。出现能量的意外释放,反映了人对能量控制认识、意识、知识、技术的严重不足。同时,又反映了安全管理认识、方法、原则等方面的差距。

发生能量意外释放的根本原因,是对能量正常流动与转换的失控。是人而不是能量本身。

2)能量屏蔽形式

屏蔽约束、限制能量意外释放,防止能量与人体接触的措施,统称为屏蔽。常采用的屏蔽形式大致有:

(1)安全能源代替不安全能源。

(2)限制能量。

(3)防止能量蓄积。

(4)缓释能量。

(5)物理屏蔽。

(6)时空隔离。

(7)信息屏蔽等。

3)能量意外释放伤害预防措施

能量意外逸出,在开辟新流动渠道时达及人体而致伤害。发生此类事故有突然性,事故发生瞬间,人往往来不及采取措施即已受到伤害。预防的方法比较复杂，除加大流动渠道的安全性，从根本上防止能量外逸，同时在能量正常流动与转换时，采取物理屏蔽、信息屏蔽、时空屏蔽等综合措施，能够减轻伤害的机会和严重程度。

能量意外释放，人进入能量新渠道而受到伤害。预防此类事故，完善能量控制系统最为重要，如自动报警、自动控制，既需要在出现能量释放时立即报警，又能进行自动疏放或封闭。同时在能量正常流动与转换时，应考虑非正常时的处理，及早采取时空与物理屏蔽措施。

❷ 物的不安全状态类型

1）物的不安全状态的内容

（1）物本身存在的缺陷。

（2）防护保险方面的缺陷。

（3）物的放置方法的缺陷。

（4）作业环境场所的缺陷。

（5）外部的和自然界的不安全状态。

（6）作业方法导致的物的不安全状态。

（7）保护器具信号、标志和个体防护用品的缺陷。

2）物的不安全状态的类型

（1）防护等装置缺陷。

（2）设备、设施等缺陷。

（3）个人防护用品缺陷。

（4）生产场地环境的缺陷。

❸ 道路货运站设备设施不安全状态

道路货运站中，物的不安全因素主要体现为设备设施的不安全状态，例如场内车辆、叉车、起重设备、电气设施、安全设施以及监控检测装置等各类设备设施的不安全状态（表4-10）。

设备设施的不安全状态 表4-10

设备设施类型	危险性分析	导致后果	控制措施
场内车辆	车辆技术状态不良、车辆安全装置失效或驾驶失误等原因导致车辆在场内行驶过程中发生碾压、碰撞等事故	车辆或其他设施受损、人员伤亡	定期对车辆进行检查维护，加强货运站内车辆管理，车辆站内形式要有专人指挥
叉车	叉车在装卸货物过程中因故障或操作失误等原因导致叉车伤人或货物坠落伤人	货物受损、人员伤亡	叉车应定期检验检测，并加强日常维护，叉车作业时应有专人指挥监管
起重设备	龙门吊、电动葫芦等起重设备设施在吊运货物的过程中因设备故障或违规操作等因素导致设备伤人或货物坠落伤人	货物受损、人员伤亡	按要求定期对起重设备进行检验检测，起重作业现场应有专人管理，起重作业区域应设置明显警示标志
电气设施	配电室、电气线路、电气设备等因漏电导致人员触电或漏电引发火灾	人员伤亡、财产损失	加强对电气设施的安全检查，发现隐患立即整改
安全设施	消防器材等安全设施遗失或失效，一旦发生突发事件无法第一时间进行应急处置救援，将导致事故的发生和扩大	人员伤亡、财产损失	定期检查各类安全设施是够齐全完好，发现缺失或失效、破损应立即补充或更换
监控检测装置	针对危险货物的监控和检测检验装置（温度、湿度、静电、防雷）发生故障，无法进行有效的实施监控检测，可能引发危险货物的泄漏、燃烧、爆炸等事故	人员伤亡、财产损失、环境破坏	定期对其进行检测，确保良好有效

 隐患排查与治理

一、定义

安全生产事故隐患(以下简称事故隐患),是指生产经营单位违反安全生产法律、法规、规章、标准、规程和安全生产管理制度的规定,或者因其他因素在生产经营活动中存在可能导致事故发生的物的危险状态、人的不安全行为和管理上的缺陷。

事故隐患分为一般事故隐患和重大事故隐患。一般事故隐患,是指危害和整改难度较小,发现后能够立即整改排除的隐患。重大事故隐患,是指危害和整改难度较大,应当全部或者局部停产停业,并经过一定时间整改治理方能排除的隐患,或者因外部因素影响致使生产经营单位自身难以排除的隐患。

二、隐患排查及治理

❶ 隐患排查及治理的重要性

《安全生产法》第十七条规定生产经营单位主要负责人有"督促、检查本单位的安全生产工作,及时消除生产安全事故隐患"的职责;第二十二条规定生产经营单位安全生产管理机构以及安全生产管理人员应履行"检查本单位的安全生产状况,及时排查生产安全事故隐患,提出改进安全生产管理的建议"的职责。

《国务院关于进一步加强企业安全生产工作的通知(国发〔2010〕23号)》(以下简称《通知》)进一步强调了及时排查治理安全隐患的重要性。

《通知》第 4 条要求:企业要经常性开展安全隐患排查,并切实做到整改措施、责任、资金、时限和预案"五到位"。建立以安全生产专业人员为主导的隐患整改效果评价制度,确保整改到位。对隐患整改不力造成事故的,要依法追究企业和企业相关负责人的责任。对停产整改逾期未完成的不得复产。

《通知》第 8 条要求:因安全生产技术问题不解决产生重大隐患的,要对企业主要负责人、主要技术负责人和有关人员给予处罚。

《通知》第 14 条要求:依法维护和落实企业职工对安全生产的参与权与监督权,鼓励职工监督举报各类安全隐患,对举报者予以奖励。

《通知》第 16 条要求:对重大危险源和重大隐患要报当地安全生产监管监察部门、负有安全生产监管职责的有关部门和行业管理部门备案。

《通知》第 26、30 条要求:对存在落后技术装备、构成重大安全隐患的企业,要予以公布,责令限期整改,逾期未整改的依法予以关闭;存在重大隐患整改不力的企业,由省级及以上安全监管监察部门会同有关行业主管部门向社会公告,并向投资、国土资源、建设、银行、证券等主管部门通报,一年内严格限制新增的项目核准、用地审批、证券融资等,并作为银行贷款等的重要参考依据。

《国务院安委会办公室关于实行安全生产事故隐患排查治理情况月通报的通知(安委办〔2012〕23 号)》要求:自 2012 年 7 月 1 日起,对全国安全生产事故隐患排查治理情况实行月通报。月通报主要内容是:每月汇总各地区、各有关部门和单位开展安全生产事故隐患排查治理情况,重点分析开展隐患排查治理企业和单位、一般事故隐患排查治理、重大事故隐患排查治理、重大事故隐患挂牌督办以及落实隐患治理资金等情况,查找存在的问题,提出下一阶段的工作措施。启用安全生产事故隐患排查治理信息统计网上报送系统。

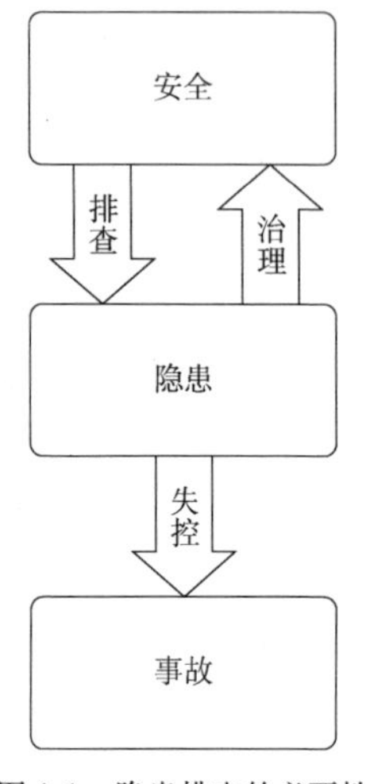

图4-1　隐患排查的必要性

可见,对于企业而言,隐患排查和治理已经成为安全生产管理的核心内容之一,企业隐患治理整改情况也是政府安全生产监督部门关注的焦点之一,企业应从安全生产制度上确保隐患排查治理的经常化,通过安全生产技术创新提高隐患排查治理绩效。

隐患排查的必要性如图4-1所示。

❷ 隐患排查治理措施方法

隐患排查是指企业组织安全生产管理人员、技术人员和其他相关人员对本单位的事故隐患进行排查的行为。隐患治理就是指消除或控制隐患的活动或过程。

企业是隐患排查工作的责任主体,方法是定期组织安全生产管理人员、技术人员和其他相关人员排查本单位的事故隐患,鼓励、发动职工发现事故隐患,鼓励社会公众举报。此项工作通常与企业的各种安全生产检查工作相结合。根据上述要求,隐患排查的过程就是企业定期组织所属人员主动、全面地查找并发现隐患、确定其等级、建立事故隐患信息档案,同时鼓励社会公众举报。

企业应当建立事故隐患排查治理制度,依据相关法律法规及自身管理规定,对营运车辆、客运驾驶员、运输线路、运营过程等安全生产各要素和环节进行安全隐患排查,及时消除安全隐患。

企业应根据安全生产的需要和特点,采用综合检查、专业检查、季节性检查、节假日检查、日常检查等方式进行隐患排查,对排查出的安全隐患进行登记和治理,落实整改措施、责任、资金、时限和预案,及时消除事故隐患。对于能够立即整改的一般安全隐患,由企业立即组织整改;对于不能立即整改的重大安全隐患,企业应组织制定安全隐患治理方案,依据方案及时进行整改;对于自身不能解决的重大安全隐患,企业应立即向有关部门报告,依据有关规定进行整改。

企业应当建立安全隐患排查治理档案,档案应包括以下内容:隐患排查治理日期;隐患排查的具体部位或场所;发现事故隐患的数量、类别和具体情况;事故隐患治理意见;参加隐患排查治理的人员及其签字;事故隐患治理情况、复查情况、复查时间、复查人员及其签字。

企业应当每季、每年对本单位事故隐患排查治理情况进行统计,分析隐患形成的原因、特点及规律,建立事故隐患排查治理长效机制。

企业应当建立安全隐患报告和举报奖励制度,鼓励、发动职工发现和排除事故隐患,鼓励社会公众举报。对发现、排除和举报事故隐患的有功人员,应当给予物质奖励和表彰。

企业应当积极配合有关部门的监督检查人员依法进行的安全隐患监督检查,不得拒绝和阻挠。

第五章　应急救援

道路货运站是由多工种协作共同完成的一项专业性比较强工作比较复杂的工作。由于货运站内的货物本身可能具有的易燃易爆腐蚀毒害等特性,一旦发生事故,若没有得到及时、正确的现场处置,不仅会造成甚至加大人员伤亡和财产损失,还会扩大到污染附近区域的水土资源和生态环境,造成不可挽回的巨大损失。由于危险货物(尤其有毒性物质)具有的特性,对环境造成污染毒害后,很难一次性根除,土壤水源空气植被等难以在较短时间内恢复,事故后往往要花费很大力气进行解决。

第一节　应急救援体系

一、基本任务

事故应急救援的总目标是通过有效的应急救援行动,尽可能地降低事故的后果,包括人员伤亡、财产损失和环境破坏等。事故应急救援的基本任务包括以下几个方面:

(1)立即组织营救受害人员。组织撤离或者采取其他措施保护危害区域内的其他人员。抢救受害人员是应急救援的首要任务。在应急救援行动中,快速、有序、有效地实施现场急救与安全转送伤员,是降低事故伤亡率、减少事故损失的关键。由于重大事故发生突然、扩散迅速、涉及范围广、危害大、应及时指导和组织群众采取各种措施进行自我防护，必要时迅速撤离出危险区域或可能受到危害的区域。在撤离过程中，应积极组织群众开展自救和互救工作。

(2)迅速控制事态，并对事故造成的危害进行检测、监测，测定事故的危害区域、危害性质及危害程度。及时控制住造成事故的危险源是应急救援工作的重要任务。只有及时地控制住危险源，防止事故继续扩大，才能及时有效地进行救援。

(3)消除危害后果，做好现场恢复。针对事故对人体、环境等造成的现实危害和可能的危害，迅速采取封闭、隔离、洗消、监测等措施，防止对认定继续危害和环境的污染。及时清理废墟和恢复基本设施，将事故现场恢复至相对稳定状态。

(4)查清事故原因，评估危害程度。事故发生后，应及时调查事故发生的原因和事故性质，评估出事故的危害范围和危险程度，查明人员伤亡情况，做好事故原因调查，并总结救援工作中的经验和教训。

二、应急救援体系的基本构成

由于潜在的重大事故风险多种多样，所以相应每一类事故灾难的应急救援措施可能千差万别，但其基本应急模式是一致的。构建应急救援体系，应贯彻顶层设计和系统论的思想，以事件为中心，以功能为基础，分析和明确应急救援工作的各项需求，在应急能力评估和应急资源统筹安排的基础上，科学地建立规范化、标准化的应急救援体系，保障各级应急救援体系的统一和协调。

一个完整的应急体系应有组织体制、运作机制、法制基础和应急保障系统 4 部分构成。如图 5-1 所示。

❶ 组织体制

应急救援体系爱组织体制建设中的管理机构是指维持应急

日常管理的负责部门；功能部门包括与应急活动有关的各类组织机构，如消防、医疗机构等；应急指挥是在应急预案启动后，负责应急救援活动场外与场内指挥系统；而救援队伍则由专业和志愿人员组成。

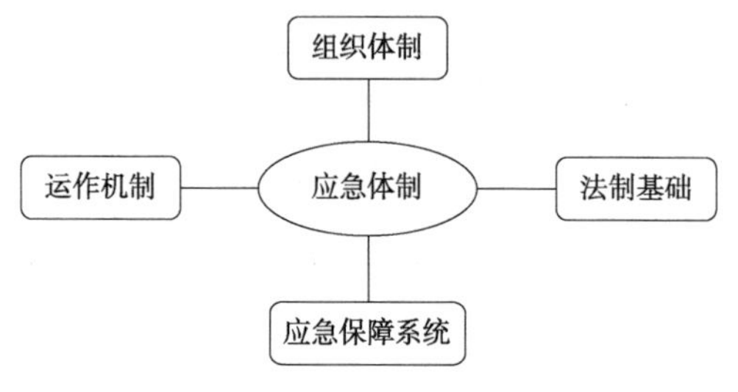

图 5-1　应急体系结构图

❷ 运作机制

应急救援活动一般划分为应急准备、初级反应、扩大应急和应急恢复 4 个阶段，应急机制与这 4 个阶段的应急活动密切相关。应急运作机制主要由统一指挥、分级响应、属地为主和公众动员这 4 个基本机制组成。

统一指挥是应急活动的最基本原则。应急指挥一般可分为集中指挥和现场指挥，或场外指挥与场内指挥等。无论采取哪一种指挥系统，都必须实行统一指挥的模式，无论应急救援活动涉及单位的级别高低和隶属关系不同，但都必须在应急指挥部的统一组织协调下行动，有令则行，有禁则止，统一号令，步调一致。

分级响应是指在初级响应到扩大应急的过程中实行的分级响应的机制。扩大或提高应急级别的主要依据是事故灾难的危害程度，影响范围和控制事态能力。影响范围和控制事态能力是“升级”的最基本条件。扩大应急救援主要是提高指挥级别、扩大应急范围等。

属地为主强调“第一反应”的思想和以现场应急、现场指挥为主的原则。

公众动员机制是应急机制的基础，也是整个应急体系的基础。

❸ 法制基础

法制建设是应急体系的基础和保障，也是开展各项应急活动的依据，与应急有关的法律、法规可分为 4 个层次：由立法机关通过的法律，如《突发事件应对法》；由国务院颁布的法规，如《应急救援管理条例》等；以部委令颁布的政府法令、规定，如《交通运输突发事件应急管理规定》等；与应急救援活动直接有关的标准或管理办法，如《生产经营单位生产安全事故应急预案编制导则》（GB/T 29639—2013）等。

❹ 保障系统

列于应急保障系统第一位的是信息与通信系统，构筑集中管理的信息通信平台是应急体系最重要的基础建设。应急信息通信系统要保证所有预警、警报、报告、指挥等活动的信息交流快速、顺畅、准确，以及信息资源共享；物资与装备不但要保证有足够的资源，而且还要实现快速、及时供应到位；人力资源保障包括专业队伍的加强、志愿人员以及其他有关人员的培训教育；应急财务保障应建议专项应急科目，如应急基金等，以保障应急管理运行和应急反应中各项活动的开支。

三、应急救援体系响应机制

重大事故应急救援体系应根据事故的性质、严重程度、事态发展趋势和控制能力实行分级响应机制，对不同的响应级别，相应的明确事故的通报范围、应急中心的启动程度、应急力量的出动和设备、物资的调集规模、疏散范围、应急总指挥的职位等。典型的应急响应级别通常分为 3 级。

❶ 一级紧急情况

必须利用所有有关部门及一切资源的紧急情况，或者需要各个部门同外部机构联合处理的个各种紧急情况，通常要宣布进入紧急状态。在该级别中，做出主要决定的职责通常是紧急事故管理部门。现场指挥部可在现场做出保护生命和财产以及控制事态所必需的各种决定。解决整个紧急事件的决定，应该由紧急事务管理部门负责。

❷ 二级紧急情况

需要两个或更多个部门响应的紧急情况。该事故的救援需要有关部门的协作，并且提供人员、设备或其他资源。该级响应应需要成立现场指挥部来统一指挥现场的应急救援行动。

❸ 三级紧急情况

能被一个部门正常可利用资源处理的紧急情况。正常可利用的资源指该部门在该部门权利范围内通常可以利用的应急资源，包括人力和物力等。必要时，该部门可以建立一个现场指挥部，所需的后勤支持、人员或其他资源增员由本部门负责解决。

四、应急救援响应程序

事故应急救援系统的应急响应程序按过程可分为接警、响应级别确定、应急启动、救援行动、应急恢复和应急结束等几个过程。如图 5-2 所示。

❶ 接警与响应级别确定

接到事故报警后，按照应急工作程序，对警情作出判断，初步确定相应的响应级别。如果事故不足与启动应急救援体系的最低响应级别，响应关闭。

❷ 应急启动

应急响应级别确定后，按所确定的响应级别启动应急程序，如通知应急中心有关人员到位、开通信息与通信网络、通知调配救援所需的应急资源（包括应急队伍和物资、装备等）、成立现场应急指挥部。

❸ 救援行动

有关应急队伍进入事故现场后，迅速开展事故侦测、疏散、人员救助、工程抢险等有关应急救援工作，专家组为救援决策提供建议和技术支持。当事态超出响应级别无法得到有效控制时，向应急中心请求实施更高级别的应急响应。

接警 → 响应级别确定 → 应急启动 → 救援行动 → 应急恢复 → 应急结束

图 5-2 应急响应程序

❹ 应急恢复

救援行动结束后，进入临时应急恢复阶段。该阶段主要包括现场清理、人员清点和撤离、警戒解除、善后处理和事故调查等。

❺ 应急结束

执行应急关闭程序，由事故总指挥宣布应急结束。

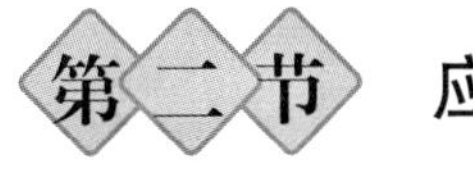

第二节 应急救援预案

指根据预测危险源、危险目标可能发生事故的类别、危害程度，而制定的事故应急救援方案。要充分考虑现有物质、人员及危险源的具体条件，能及时、有效地统筹指导事故应急救援行动。

目前的应急救援预案需要按照《生产经营单位生产安全事故应急预案标志导则》（GB/T 29639—2013）来编制。生产经营单位应急预案编制程序包括成立应急预案编制工作组、资料收集、风

险评估、应急能力评估、编制应急预案和应急预案评审6个步骤。

一、应急预案体系构成

生产经营单位的应急预案体系主要由综合应急预案、专项应急预案和现场处置方案构成。生产经营单位应根据本单位组织管理体系、生产规模、危险源的性质以及可能发生的事故类型确定应急预案体系,并可根据本单位的实际情况,确定是否编制专项应急预案。风险因素单一的小微型生产经营单位可只编写现场处置方案。

❶ 综合应急预案

综合应急预案是生产经营单位应急预案体系的总纲,主要从总体上阐述事故的应急工作原则,包括生产经营单位的应急组织机构及职责、应急预案体系、事故风险描述、预警及信息报告、应急响应、保障措施、应急预案管理等内容。

❷ 专项应急预案

专项应急预案是生产经营单位为应对某一类型或某几种类型事故,或者针对重要生产设施、重大危险源、重大活动等内容而定制的应急预案。专项应急预案主要包括事故风险分析、应急指挥机构及职责、处置程序和措施等内容。

❸ 现场处置方案

现场处置方案是生产经营单位根据不同事故类型,针对具体的场所、装置或设施所制定的应急处置措施,主要包括事故风险分析、应急工作职责、应急处置和注意事项等内容。生产经营单位应根据风险评估、岗位操作规程以及危险性控制措施,组织本单位现场作业人员及安全管理等专业人员共同编制现场处置方案。

二、应急救援预案作用

(1)应急预案确定了应急救援的范围和体系,使应急管理不再无据可依,无章可循,尤其是通过培训和演练,可以使应急人员熟悉自己的任务,具备完成指定任务所需的相应能力,并检验预案和行动程序,评估应急人员的整体协调性。

(2)应急预案有利于做出及时的应急响应,控制和防止事故进一步恶化,应急行动对时间要求十分敏感,不允许有任何拖延,应急预案预先明确了应急各方职责和响应程序,在应急资源等方面进行先期准备,可以指导应急救援迅速、高效、有序地开展,将事故造成的人员伤亡、财产损失和环境破坏降到最低限度。

(3)应急预案是各类突发事故的应急基础,通过编制应急预案,可以对那些事先无法预料到的突发事故起到基本的应急指导作用,成为开展应急救援的"底线",在此基础上,可以针对特定事故类别编制专项应急预案,并有针对性的制定应急预案、进行专项应急预案准备和演习。

(4)应急预案建立了与上级单位和部门应急救援体系的衔接,通过编制应急预案可以确保当发生超过本级应急能力的重大事故时与有关应急机构的联系和协调。

(5)应急预案有利于提高风险防范意识,应急预案的编制、评审、发布、宣传、演练、教育和培训,有利于各方了解面临的重大事故及其相应的应急措施,有利于促进各方提高风险防范意识和能力。

三、应急救援预案的基本要求

❶ 针对性

应急预案是针对可能发生事故、为迅速、有序地开展应急行动

而预先制定的行动方案，因此，应急预案应结合危险分析的结果。

(1)针对重大危险源，重大危险源是指长期地或是临时地生产、搬运、使用或储存危险性物品，且危险物品的数据等于或超过临界量的单位，重大危险源历来就是生产经营单位监管重点对象。

(2)针对可能发生的各类事故，在编制应急预案之初需要对生产经营单位中可能发生的各类事故进行分析和编制，在此基础上编制预案，才能保证应急预案更广范围的覆盖性。

(3)针对关键的岗位和地点，不同的生产经营单位，同一生产经营单位不同生产岗位所存在的风险大小都往往不同，特别是在危险化学品、煤矿开采、建筑等高危行业，都存在一些特殊或关键的工作岗位和地点。

(4)针对薄弱环节，生产经营单位的薄弱环节主要是指生产经营单位为应对重大事故发生而存在的应急能力缺陷或不足方面，企业在编制预案过程中，必须针对生产经营在进行重大事故应急救援过程中，人力、物力、救援装备等资源是否可以满足要求而提出弥补措施

(5)针对重要工程，重要工程的建设和管理单位应当编制预案，这些重要工程往往关系到国计民生的大局，一旦发生事故，其造成的影响或损失往往不可估量，因此，针对这些重要工程应当编制应急预案。

❷ 科学性

应急救援工作是一项科学性很强的工作，编制应急预案必须以科学的态度，在全面调查研究的基础上，实行领导和专家结合的方式，开展科学分析和论证，制定出决策程序和处置方案，应急手段先进的应急反应方案，使应急预案真正的具有科学性。

❸ 可操作性

应急预案应具有实用性和可操作性，即发生重大事故灾害

时,有关应急组织、人员可以按照应急预案的规定,迅速、有序、有效地开展应急救援行动,降低事故损失。

❹ 完整性

(1)功能完整:应急预案中应说明有关部门应履行的应急准备、应急响应职能和灾后恢复职能,说明为确保履行这些职能而应履行的支持性职能。

(2)应急过程完整,包括应急管理工作中的预防、准备、响应、恢复四个阶段。

(3)适用范围完整:要阐明该预案的使用范围,即针对不同事故性质可能会对预案的适用范围进行扩展。

❺ 合规性

应急预案的内容应符合国家法律、法规、标准和规范的要求。

❻ 可读性

(1)易于查询。

(2)语言简洁、通俗易懂。

(3)层次及结构清晰。

❼ 相互衔接

安全生产应急预案应相互协调一致、相互兼容,注意与应急预案对比。

四、应急救援预案的基本内容

❶ 应急预案总指挥的职能及职责

(1)分析紧急状态确定相应报警级别,根据相关危险类型、潜在后果、现有资源控制紧急情况的行动类型。

(2)指挥、协调应急反应行动。

(3)与企业外应急反应人员、部门、组织和机构进行联络。

(4)直接监察应急操作人员行动。

(5)最大限度地保证现场人员和外援人员及相关人员的安全。

(6)协调后勤方面以支援应急反应组织。

(7)应急反应组织的启动。

(8)应急评估、确定升高或降低应急警报级别。

(9)通报外部机构,决定请求外部援助。

(10)决定应急撤离,决定事故现场外影响区域的安全性。

❷ 抢险救援组的职能及职责

(1)抢救现场伤员。

(2)抢救现场物资。

(3)组建现场消防队。

(4)保证现场救援通道的畅通。

❸ 危险源风险评估组的职能和职责

(1)对各施工现场及加工厂特点以及生产安全过程的危险源进行科学的风险评估。

(2)指导生产安全部门安全措施落实和监控工作,减少和避免危险源的事故发生。

(3)完善危险源的风险评估资料信息,为应急反应的评估提供科学的合理的、准确的依据。

(4)落实周边协议应急反应共享资源及应急反应最快捷有效的社会公共资源的报警联络方式,为应急反应提供及时的应急反应支援措施。

(5)确定各种可能发生事故的应急反应现场指挥中心位置以使应急反应及时启用。

(6)科学合理地制定应急反应物资器材、人力计划。

第三节　应急管理

一、应急队伍

❶ 应急队伍建设基本要求

企业应按照实际情况，设施安全生产应急管理机构，设置专职或兼职应急管理人员，建立由本单位职工组成的专职或兼职应急救援队伍，建立应急管理工作制度。

应急救援队伍建设应按照“统一指挥，协同作战，分级负责”的原则，纳入行业应急救援体系统一调度、作战和训练，做到“三定一有”，即定指挥、定人员、定制度，有保障。

1)定指挥

道路运输企业选择责任性强、业务精的分管领导担任应急救援指挥，具体负责救援队伍的日常培训、演练等工作。

2)定人员

选择综合素质高、身体条件好、反应速度快、适应能力强的人员作为企业专业应急救援队伍，做到人员相对固定，并登记在册。

3)定制度

从应急管理、应急指挥的实际需要出发，就应急救援队伍的“责任主体、组建形式、人员构成、工作程序和综合保障”等作出明确规定，保证应急管理工作步入制度化、规范化轨道。

4)有保障

要加强安全保障方面的投入，配备必要的安全防护器材和设备，最大限度的保护各类应急行动参与人员的安全。主动为一线专业应急人员购置必要的人员伤害保险，解决其参与应急救援活

动后顾之忧。

❷ 应急救援人员培训管理

企业应定期对应急队伍开展应急救援相关培训和训练，提高其应急反应和应急救援能力。

1）应急培训的原则和范围

为提高应急救援人员的技术水平与应急救援队伍的整体能力，以便在道路运输事故的应急救援行动中，达到快速、有序、有效的效果，经常性地开展应急救援培训训练或演习应成为应急救援队伍的一项重要的日常性工作。应急救援培训与演习的指导思想应以加强基础、突出重点、边练边战、逐步提高为原则。

应急培训与演习的基本任务是锻炼和提高道路运输应急救援队伍在突发事故情况下的快速抢险、及时营救伤员，正确指导和帮助群众防护或撤离，有效消除危害后果、开展现场急救和伤员转送等应急救援技能和应急反应综合素质，有效降低事故危害，减少事故损失。

应急培训的范围应包括，企业全员的培训和专业应急救援队伍的培训。

2）应急培训的基本内容

基本应急培训是指对参与应急行动所有相关人员进行的最低程度的应急培训，要求应急人员了解和掌握如何识别危险、如何采取必要的应急措施、如何启动紧急情况警报系统、如何安全疏散人群等基本操作，尤其要加强火灾应急培训以及危险物质事故应急的培训。因为旅客滞留、火灾和撞车、翻车事故是常见的事故类型，因此，培训中要加强与灭火操作有关的训练，强调不同情形道路运输安全事故的不同应急水平和注意事项等内容，主要包括以下几方面：

（1）报警。

(2)疏散。

(3)火灾应急培训。

(4)不同水平应急者培训。

3)训练和演习类型

应急演习可以根据不同的标准分类。根据演习规模可以分为桌面演习、功能演习和全面演习,根据演习的基本内容不同可以分为基础训练、专业训练、战术训练和自选科目训练。具体可参照进行评价。

(1)基础训练。基础训练是应急队伍的基本训练内容之一,是确保完成各种应急救援任务的基础。基础训练主要包括队列训练、体能训练、防护装备和通信设备的使用训练等内容。训练的目的是使应急人员具备良好的战斗意志和作风,熟练掌握个人防护装备的穿戴,通信设备的使用等。

(2)专业训练。专业技术关系到应急队伍的实战水平,是顺利执行应急救援任务的关键,也是训练的重要内容,主要包括专业常识、疏散、抢运、现场急救等,涉及危险货物还有堵源技术和清消等技术。通过专业训练可使救援队伍具备一定的救援专业技术,有效地发挥救援作用。

(3)战术训练。战术训练是救援队伍综合训练的重要内容和各项专业技术的综合运用,是提高救援队伍实战能力的必要措施。战术训练可分为班(组)战术训练和分队战术训练。通过训练,可使各级指挥员和救援人员具备良好的组织指挥能力和实际应变能力。

(4)自选科目训练。自选科目训练可根据各自的实际情况,选择开展如火灾、交通事故、综合演练等项目的训练,进一步提高救援队伍的救援水平。救援队伍的训练可采取自训与互训相结合;岗位训练与脱产训练相结合,分散训练与集中训练相结合的方法。在时间安排上应有明确的要求和规定。为保证训练有素,在训练前应制定训练计划，训练中应组织考核，演习完毕后应总结经验，编写演习评估报告，对发现的问题和不足应予以改进并跟踪。

二、应急装备

企业应当按照有关规划和应急预案的要求，根据应急工作的实际需要，建立健全应急装备和应急物资储备、维护、管理和调拨制度，储备必需的应急物资和运力，配备必要的专用应急指挥交通工具和应急通信装备，并定期对应急物资装备进行检查和维护，确保其处于正常使用状态（图 5-3）。

图 5-3　急救援装备

三、应急预案实施与演练

企业发生事故后，企业及时启动应急预案，组织有关力量进行救援，采取相应应急措施对现场进行处置，减少人员伤亡和财产损失，并按照规定将事故信息及应急预案启动情况报告有关部门。

企业应当制定本单位的应急预案演练计划，根据本单位的事故预防重点，每年至少组织一次综合应急预案演练或者专项应急预案演练，每半年至少组织一次现场处置方案练。

❶ 应急演练的定义

应急演练指针对情景事件，按照应急预案而组织实施的预警、应急响应、指挥与协调、现场处置与救援、评估总结等活动。情景事件指针对生产经营过程中存在的危险源或危险、有害因素而设定的突发事件。

应急演练是对实际突发事件应急救援过程的模拟，包括常规的应急处置流程和设定的关键事件等，其目的是为了检验应急预案、应急装备、应急基础设施、后勤保障等。通过演练，一是检验预案的实用性、可用性、可靠性；二是取得实战经验以修改应急预案的缺陷与不足，提高预案可操作性；三是检验员工是否明确自己的职责和应急行动程序，以及反应应急队伍的协同反应水平和实战能力；四是提高人们避免事故、防止事故、抵抗事故的能力，提高对事故的警惕性。

❷ 应急演练分类

按照应急演练的内容，可分为综合演练和专项演练；按照演练的形式，可分为现场演练和桌面演练；按照演练的目的，可分为检验性演练、研究性演练。

1）综合演练

根据情景事件要素，按照应急预案检验包括预警、应急响应、指挥与协调、现场处置与救援、保障与恢复等应急行动和应对措施的全部应急功能的演练活动。

2）专项演练

根据情景事件要素，按照应急预案检验某项或数项应对措施或应急行动的部分应急功能的演练活动。

3）现场演练

选择（或模拟）生产建设某个工艺流程或场所，现场设置情景事件要素，并按照应急预案组织实施预警、应急响应、指挥与协调、现场处置与救援等应急行动和应对措施的演练活动。

4）桌面演练

设置情景事件要素，在室内会议桌面（图纸、沙盘、计算机系统）上，按照应急预案模拟实施预警、应急响应、指挥与协调、现场处置与救援等应急行动和应对措施的演练活动。

5）检验性演练

不预先告知情景事件，由应急演练的组织者随机控制，参演人员根据演练设置的突发事件信息，按照应急预案组织实施预警、应急响应、指挥与协调、现场处置与救援等应急行动和应对措施的演练活动。

6）研究性演练

为验证突发事件发生的可能性、波及范围、风险水平以及检验应急预案的可操作性、实用性等而进行的预警、应急响应、指挥与协调、现场处置与救援等应急行动和应对措施的演练活动。

❸ 应急演练的基本内容

1）预警与通知

接警人员接到报警后，按照应急预案规定的时间、方式、方法和途径，迅速向可能受到突发事件波及区域的相关部门和人员发出预警通知，同时报告上级主管部门或当地政府有关部门、应急机构，以便采取相应的应急行动。

2）决策与指挥

根据应急预案规定的响应级别，建立统一的应急指挥、协调和决策机构，迅速有效地实施应急指挥，合理高效地调配和使用应急资源，控制事态发展。

3)应急通信

保证参与预警、应急处置与救援的各方,特别是上级与下级、内部与外部相关人员通信联络的畅通。

4)应急监测

对突发事件现场及可能波及区域的气象、有毒有害物质等进行有效监控并进行科学分析和评估,合理预测突发事件的发展态势及影响范围,避免发生次生或衍生事故。

5)警戒与管制

建立合理警戒区域,维护现场秩序,防止无关人员进入应急处置与救援现场,保障应急救援队伍、应急物资运输和人群疏散等的交通畅通。

6)疏散与安置

合理确定突发事件可能波及区域,及时、安全、有效地撤离、疏散、转移、妥善安置相关人员。

7)医疗与卫生保障

调集医疗救护资源对受伤人员合理验伤并分级,及时采取有效的现场急救及医疗救护措施,做好卫生监测和防疫工作。

8)现场处置

应急处置与救援过程中,按照应急预案规定及相关行业技术标准采取的有效技术与安全保障措施。

9)公众引导

及时召开新闻发布会,客观、准确地公布有关信息,通过新闻媒体与社会公众建立良好的沟通。

10)现场恢复

应急处置与救援结束后,在确保安全的前提下,实施有效洗消、现场清理和基本设施恢复等工作。

11)总结与评估

对应急演练组织实施中发现的问题和应急演练效果进行评

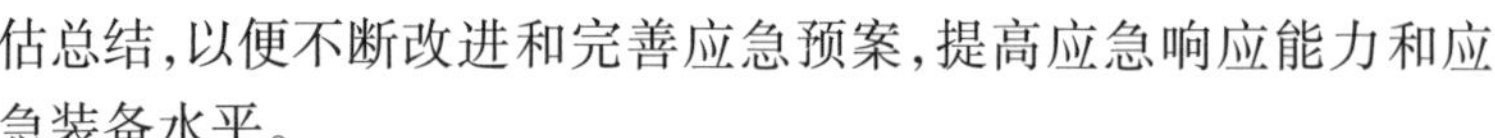

估总结,以便不断改进和完善应急预案,提高应急响应能力和应急装备水平。

12)其他

根据相关行业(领域)安全生产特点所包含的其他应急功能。

❹ 应急演练计划

1)应急演练计划的内容

针对道路运输企业安全生产特点对应急演练活动进行整体规划,编写应急演练年度计划,内容通常包括:演练的目的、类型、形式、时间、地点、内容、参与演练的部门、人员、演练经费预算等。

2)应急演练计划的要求

应急演练计划应以道路运输企业安全生产应急预案为基本依据,针对可能发生的突发事件,着重提高初期应急处置和协同救援的能力。演练频次应满足应急预案的规定,演练范围应有一定的覆盖面。

❺ 应急演练的实施

(1)熟悉演练方案。应急演练领导小组正、副组长或成员召开会议,重点介绍有关应急演练的计划安排,了解应急预案和演练方案,做好各项准备工作。

(2)安全措施检查。确认演练所需的工具、设备、设施以及参演人员到位。对应急演练安全保障方案以及设备、设施进行检查确认,确保安全保障方案的可行性,安全设备、设施的完好性。

(3)组织协调。应在控制人员中指派必要数量的组织协调员,对应急演练过程进行必要的引导,以防出现发生意外事故。组织协调员的工作位置和任务应在应急演练方案中作出明确的规定。

(4)紧张有序开展应急演练。应急演练总指挥下达演练开始指令后,参演人员针对情景事件,根据应急预案的规定,紧张有序地实施必要的应急行动和应急措施,直至完成全部演练工作。

消防应急演练如图5-4所示。

图5-4 消防应急演练

❻ 应急演练的评估和总结

应急预案演练结束后,企业应当对应急预案演练效果进行评估,撰写应急预案演练评估报告,分析存在的问题,并对应急预案提出修订意见。

1)应急演练评估

应急演练的评估必须在应急演练结束后立即进行。应急演练组织者、控制人员和评估人员以及主要演练人员应参加评估会。

评估人员对应急演练目标的实现情况、参演队伍及人员的表现、应急演练中暴露的主要问题等进行讲评,并出具评估报告。对于规模较小的应急演练,评估也可以采用口头点评的方式。

2)应急演练总结

应急演练结束后,评估组汇总评估人员的评估总结,撰写评估总结报告,重点对应急演练组织实施中发现的问题和应急演练效果进行评估总结,也可对应急演练准备、策划等工作进行简要总结分析。

应急演练评估总结报告通常包括以下内容:

(1)本次应急演练的背景信息。

(2)对应急演练准备的评估。

(3)对应急演练策划与应急演练方案的评估。

(4)对应急演练组织、预警、应急响应、决策与指挥、处置与救援、应急演练效果的评估。

(5)对应急预案的改进建议。

(6)对应急救援技术、装备方面的改进建议。

(7)对应急管理人员、应急救援人员培训方面的建议。

第四节 普通仓库事故应急措施

根据“预防为主”和“谁主管,谁负责”的原则,以预防杜绝特大火灾尤其是群死群伤事故为目标。进一步改进和加强消防安全和灭火救援工作,落实仓库消防安全工作责任制,增强抵制火灾事故的能力,尽力消除或减轻火灾事故的损失程度,特制定仓库消防应急救援预案。

一、火灾及汛期事故

(1)日常巡查中应重点检查消防栓、灭火器、仓库通道情况,如发现问题,应仔细观察分析,找出原因,及时解决,向部门负责人汇报并记录。

(2)部门任何人发现火灾/汛情应立即报告部门负责人。报告人员在报告时应同时说清着火/汛情地点、部位、燃烧物品、火灾、状况等。同时报告相关部门,做好灭火、防汛前的必要准备工作,及时记录火灾、汛情情况。

(3)接报告后,本部门在场工作人员必须无条件及时赶赴现场,参加救火防汛行动。

(4)现场成立灭火防汛指挥部,由事发部门负责人组成,部门负责人任总指挥。指挥工作人员灭火、防汛,指挥抢救伤员,疏散物资及产品,及时控制火势蔓延及汛情。

(5)现场指挥员有权根据火灾及防汛的需要,决定如下事项:使用各种水源和防火,防汛工具等。

(6)根据现场具体情况划分安全警戒线,看管好抢救出来的产品物资。

二、地震灾害

(1)按照地方政府地震灾害速报管理办法的规定,若发生3.0级以上地震,仓库负责人要将仓库内的危险品和人员迅速撤离现场至附近较安全地点,避免人员伤亡;在安全距离以外观察危险品库房周围的震后反应,必须确保人员的安全。

(2)对于3.0级以下的地震,仓库值班人员要在地震发生后5min以内将初步了解的灾情报告仓库应急领导小组,做到"有灾报灾、无灾报安"。

(3)如发生破坏性地震,仓库及库区其他建筑物有倒塌、陷裂、爆炸等危险时,仓库值班人员要立即向仓库应急领导小组报告,并及时开展先期救援处置。

三、仓库被盗

(1)发生盗窃事件,仓库管理员应保护好现场,并立即向仓库应急领导小组报告。

(2)仓库应急领导小组立即组织人员对仓库物品进行清查,向办公室报告,并积极配合有关部门做好调查取证工作。

(3)发现窃贼正在行窃,仓库值班人员应立即通知保卫科,并

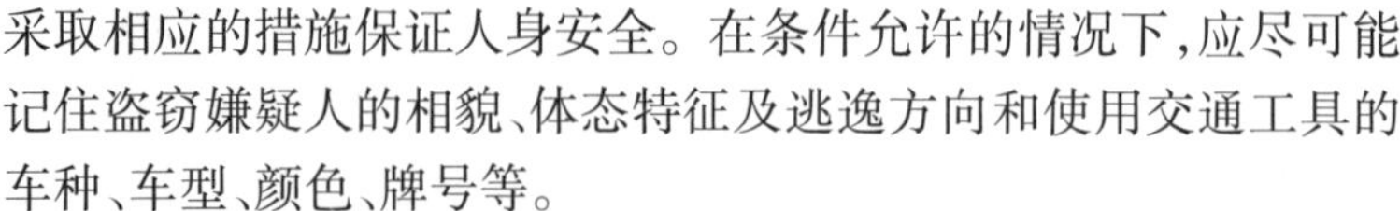

采取相应的措施保证人身安全。在条件允许的情况下，应尽可能记住盗窃嫌疑人的相貌、体态特征及逃逸方向和使用交通工具的车种、车型、颜色、牌号等。

四、雷击灾害

(1)仓库发生雷击灾害，仓库值班人员应立即向仓库应急领导小组报告，迅速检查现场情况，并检查附近是否发生人员伤亡事故。

(2)接报告后，仓库应急领导小组立即组织人员赶赴现场，开展应急处置，在保证人员安全的情况下，迅速采取相应措施，保证仓库不受影响。

(3)由雷击引发仓库火灾事故(事件)，参照仓库火灾应急预案进行处置。

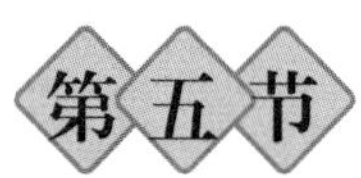

第五节 危险化学品事故应急措施

一、危险化学品火灾事故应急处置措施

❶ 扑救初期火灾

(1)迅速关闭火灾部位的上下游阀门，切断进入火灾事故地点的一切物料。

(2)在火灾尚未扩大到不可控制之前，应使用移动式灭火器，或现场其他各种消防设备、器材，扑灭初期火灾和控制火源。

❷ 采取保护措施

为防止火灾危及相邻设施，可采取以下保护措施：

(1)对周围设施及时采取冷却保护措施。

(2)迅速疏散受火势威胁的物资。

(3)有的火灾可能造成易燃液体外流,这时可用沙袋或其他材料筑堤拦截飘散流淌的液体,或挖沟导流将物料导向安全地点。

(4)用毛毡、海草帘堵住下水井、阴井口等处,防止火焰蔓延。

❸ 火灾扑救

扑救危险化学品火灾决不可盲目行动,应针对每一类化学品,选择正确的灭火剂和灭火方法来安全地控制火灾。化学品火灾的扑救应由专业消防队来进行,其他人员不可盲目行动,待消防队到达后,介绍物料介质,配合扑救。

二、压缩气体和液化气体火灾事故处置措施

(1)扑救气体火灾切忌盲目灭火,即使在扑救四周火势以及冷却过程中不小心把泄漏处的火焰扑灭了,在没有采取堵漏措施的情况下,也必须立即用长点火棒将火点燃,使其恢复稳定燃烧。否则,大量可燃气体泄漏出来与空气混合,遇着火源就会发生爆炸,后果将不堪设想。

(2)首先应扑灭外围被火源引燃的可燃物火势,切断火势蔓延途径,控制燃烧范围,并积极抢救受伤和被困职员。

(3)假如火势中有压力容器或有受到火焰辐射热威胁的压力容器,能疏散的应尽量在水枪的掩护下疏散到安全地带,不能疏散的应部署足够的水枪进行冷却保护。为防止容器爆裂伤人,进行冷却的职员应尽量采用低姿射水或利用现场坚实的掩蔽体防护。对卧式储罐,冷却职员应选择储罐四侧角作为射水阵地。

(4)假如是输气管道泄漏着火,应首先想法找到气源阀门。阀门完好时,只要封闭气体阀门,火势就会自动熄灭。

(5)储罐或管道泄漏关阀无效时,应根据火势大小判定气体压力和泄漏口的大小及其外形,预备好相应的堵漏材料(如软木塞、橡皮塞、气囊塞、黏合剂、弯管工具等)。

(6)堵漏工作预备停当后,即可用水扑救火势,也可用干粉、二氧化碳灭火,但仍需用水冷却烧烫的罐或管壁。火扑灭后,应立即用堵漏材料堵漏,同时用雾状水稀释和驱散泄漏出来的气体。

(7)一般情况下完成了堵漏也就完成了灭火工作,但有时一次堵漏不一定能成功,假如一次堵漏失败,再次堵漏需一定时间,应立即用长点火棒将泄漏处点燃,使其恢复稳定燃烧,以防止较长时间泄漏出来的大量可燃气体与空气混合后形成爆炸性混合物,从而存在发生爆炸的危险,并预备再次灭火堵漏。

(8)假如确认泄漏口很大,根本无法堵漏,只需冷却着火容器及其四周容器和可燃物品,控制着火范围,一直到燃气燃尽,火势自动熄灭。

(9)现场指挥应密切留意各种危险征兆,遇有火势熄灭后较长时间未能恢复稳定燃烧或受热辐射的容器安全阀火焰变亮刺眼、尖叫、晃动等爆裂征兆时,指挥员必须适时做出正确判定,及时下达撤退命令。现场职员看到或听到事先规定的撤退信号后,应迅速撤退至安全地带。

(10)气体储罐或管道阀门处泄漏着火时,在特殊情况下,只要判定阀门还有效,也可违变态规,先扑灭火势,再封闭阀门。一旦发现封闭已无效,一时又无法堵漏时,应迅即点燃,恢复稳定燃烧。

三、易燃液体火灾事故应急处置措施

(1)易燃液体通常也是储存在容器内或用管道输送的。与气体不同的是,液体容器有的密闭,有的敞开,一般都是常压,只有反应锅(炉、釜)及输送管道内的液体压力较高。液体不管是否着火,假如发生泄漏或溢出,都将顺着地面流淌或水面漂散,而且,易燃液体还有相对密度和水溶性等涉及能否用水和普通泡沫扑救的题目以及危险性很大的沸溢和喷溅题目。

(2)首先应切断火势蔓延的途径,冷却和疏散受火势威胁的密闭容器和可燃物,控制燃烧范围,并积极抢救受伤和被困职员。如有液体流淌时,应筑堤(或用围油栏)拦截漂散流淌的易燃液体或挖沟导流。

(3)及时了解和把握着火液体的品名、相对密度、水溶性以及有无毒害、腐蚀、沸溢、喷溅等危险性,以便采取相应的灭火和防护措施。

(4)对较大的储罐或流淌火灾,应正确判定着火面积。

(5)大面积($>50m^2$)液体火灾则必须根据其相对密度(比重)、水溶性和燃烧面积大小,选择正确的灭火剂扑救。

(6)比水轻又不溶于水的液体(如汽油、苯等),用直流水、雾状水灭火往往无效。可用普通蛋白泡沫或轻水泡沫扑灭。用干粉扑救时灭火效果要视燃烧面积大小和燃烧条件而定,最好用水冷却罐壁。

(7)比水重又不溶于水的液体(如二硫化碳)起火时可用水扑救,水能覆盖在液面上灭火。用泡沫也有效。用干粉扑救,灭火效果要视燃烧面积大小和燃烧条件而定。最好用水冷却罐壁,降低燃烧强度。

(8)具有水溶性的液体(如醇类、酮类等),固然从理论上讲能用水稀释扑救,但用此法要使液体闪点消失,水必须在溶液中占很大的比例,这不仅需要大量的水,也轻易使液体溢出流淌;而普通泡沫又会受到水溶性液体的破坏(假如普通泡沫强度加大,可以减弱火势)。因此,最好用抗溶性泡沫扑救,用干粉扑救时,灭火效果要视燃烧面积大小和燃烧条件而定,也需用水冷却罐壁,降低燃烧强度。

(9)扑救毒害性、腐蚀性或燃烧产物毒害性较强的易燃液体火灾,扑救职员必须佩戴防护面具,采取防护措施。对特殊物品的火灾,应使用专用防护服。考虑到过滤式防毒面具防毒范围的局限性,在扑救毒害品火灾时应尽量使用隔尽式空气面具。为了在火场上能正确使用和适应,平时应进行严格的适应性练习。

(10)扑救原油和重油等具有沸溢和喷溅危险的液体火灾,必须留意计算可能发生沸溢、喷溅的时间和观察是否有沸溢、喷溅的征兆。一旦现场指挥发现危险征兆时应迅即作出正确判定,及时下达撤退命令,避免造成职员伤亡和装备损失。扑救职员看到或听到同一撤退信号后,应立即撤至安全地带。

(11)遇易燃液体管道或储罐泄漏着火,在切断蔓延方向并把火势限制在上定范围内的同时,对输送管道应想法找到并封闭进、出阀门,假如管道阀门已损坏或是储罐泄漏,应迅速预备好堵漏材料,然后先用泡沫、干粉、二氧化碳或雾状水等扑灭地上的流淌火焰;为堵漏扫清障碍,其次再扑灭泄漏口的火焰,并迅速采取堵漏措施。与气体堵漏不同的是,液体一次堵漏失败,可连续堵几次,只要用泡沫覆盖地面,并堵住液体流淌和控制好四周着火源,不必点燃泄漏口的液体。

四、危险化学品泄漏事故应急处置措施

❶ 进进泄漏现场进行处理时,应留意安全防护

进现场救援职员必须配备必要的个人防护用具。假如泄漏物是易燃易爆的,事故中心区应严禁火种、切断电源、禁止车辆进进、立即在边界设置警戒线。根据事故情况和事故发展,确定事故波及区职员的撤离。假如泄漏物的有毒的,应使用专用防护

服、隔尽式空气面具。为了在现场上能正确使用和适应，平时应进行严格的适应性练习。立即在事故中心区边界设置警戒线。根据事故情况和事故发展，确定事故波及区职员的撤离。应急处理时严禁单独行动，要有监护人，必要时用水枪、水炮掩护。

❷ 泄漏源控制

封闭阀门、停止作业或改变工艺流程、物料走副线、局部停车、打循环、减负荷运行等。

采用合适的材料和技术手段堵住泄漏处。

❸ 泄漏物处理

(1)围堤切断：筑堤切断泄漏液体或者引流到安全地点。储罐区发生液体泄漏时，要及时封闭雨水阀，防止物料沿明沟外流。

(2)稀释与覆盖：向有害物蒸气云喷射雾状水，加速气体向高空扩散。对于可燃物，也可以在现场施放大量水蒸气或氮气，破坏燃烧条件。对于液体泄漏，为降低物料向大气中的蒸发速度，可用泡沫或其他覆盖物品覆盖外泄的物料，在其表面形成覆盖层，抑制其蒸发。

(3)收留(集)：对于大型泄漏，可选择用隔膜泵将泄漏出的物料抽进容器内或槽车内；当泄漏量小时，可用沙子、吸附材料、中和材料等吸收中和。

(4)废弃：将收集的泄漏物运至废物处理场所处置。用消防水冲洗剩下的少量物料，冲洗水排进污水系统处理。

第六节 危险化学品装卸车事故应急措施

一般事故，可因设备的微量泄漏，由安全报警系统，岗位操作人员巡检等方式及早发现，并立即采取关闭相应阀门，切断泄漏源，设警戒区域，进行补漏等措施，予以及时处理。

重大事故,可因储罐、运输罐车的大量泄漏而发生重大事故,报警系统和操作人员虽及时发现,但一时难以控制;泄漏后,可能造成人员伤亡或伤害,因风向、风速将波及周边地区的范围大小。当发生事故时,应采取以下应急救援措施:

(1)最早发现者应立即向值班长、车间、公司、消防队报警,并采取一切办法切断事故源。

(2)车间接到报警后,应迅速通知有关部门,成立应急救援指挥部,查明原料外泄部位(装置)和原因,下达按应急救援预案处置的指令,同时发出警报,通知指挥部成员及消防队和各专业救援队伍迅速赶往事故现场。

(3)指挥部成员通知各部室按专业对口迅速向主管上级安监、公安、消防、劳动、环保、卫生等领导报告相关事故情况。

(4)发生事故车间,应迅速查明事故发生源点、泄漏部位和原因,凡能经切断物料或倒槽等处理措施而消除事故的,则以自救为主。如泄漏部位自己不能控制的,应向指挥部报告并提出堵漏或抢修的具体措施。

(5)消防队到达事故现场后,消防人员佩戴好安全防护用品后,首先查明现场有无中毒、受伤人员,再以最快速度将中毒、受伤人员脱离现场,严重者送医院抢救。

(6)指挥部成员到达事故现场后,据事故状态及危害程度作出相应的应急决定,并命令各应急救援队立即开展救援。如事故扩大时,应请求支援。

(7)生产、安全部门到达现场后,会同发生事故的单位,在查明、原料泄漏部位和范围后视能否控制,做出停车的决定。

(8)治安队到达现场后,负责治安和交通指挥,在事故现场周围设岗,划分危险区域并加强警戒和巡逻检查,同时负责人员疏散工作。

(9)医疗救护队到达现场后,与消防队配合,应立即救护受伤和中毒人员,对中毒人员应根据中毒症状及时采取相应的急救措施,重伤员送医院抢救。

(10)技术部到达现场后,查明原料浓度和扩散情况,根据当时风向、风速,判断扩散的方向和速度,并对下风向扩散区域进行监测,确定结果,监测情况及时向指挥部报告,必要时根据指挥部决定通知扩散区域内的群众撤离或指导采取简易有效的保护措施。

(11)抢险抢修队到达现场后,根据指挥部下达的抢修命令,迅速进行抢修设备,控制事故以及事故扩大。

(12)当事故得到控制,立即成立两个专门工作小组:

①在生产副总指挥下,组成由安全、保卫、生产、技术、环保和发生事故单位参加的事故调查小组,调查事故发生原因和研究制定防范措施。

②由技术副总指挥下,组成由设备、动力、维修和发生事故单位参加的抢修小组,研究制定抢修方案并立即组织抢修,尽早恢复生产。

卸车的危险化学品均属易燃、易爆物品,如有泄漏、遇明火、高热能发生着火、爆炸事故,如事故扩大将对周围500m范围内的人员、建筑物构成威胁。

卸车点周围都有符合安全距离要求的消防栓、水龙带、消防水池、消防泵,罐区防火堤外有干粉灭火器;个人防护用品:正压式空气呼吸器、氧气呼吸器、防毒面具、橡胶手套存放在门卫值班室内和聚合岗位操作室防护器材柜内。

为提高员工的防范意识,强化认识,熟练掌握应急救援的方法与急救的常识,加强的部门之间的配合,公司决定每年对应急救援进行一次演练。

为确保一旦在卸车过程中发生事故时指挥有力,分工明确,抢险快速,处理得当,特设立化学事故应急救援指挥部。

第六章　事故报告、调查处理与案例分析

第一节　事故信息报告

一、事故报告程序

(1)当企业发生涉及达到法定上报等级的人身事故、机械设备事故、火灾事故、交通事故、环境污染等事故时,按照《生产安全事故报告和调查处理条例》和交通运输部有关交通运输安全生产事故的信息报告的有关规定,其事故报告程序如下:

①事故发生后,现场有关人员应立即向公司负责人报告。

②企业负责人接到报告后,应当于1h内向辖区县级以上人民政府安全生产监督管理部门和道路运输管理部门、公安交警等负有安全生产监督管理职责的有关部门报告。

③道路交通事故、火灾事故自发生之日起7日内,事故造成的伤亡人数发生变化的,应当及时补报。

(2)安全生产监督管理部门和负有安全生产监督管理职责的有关部门接到事故报告后,应当依照下列规定上报事故情况,并通知公安机关、劳动保障行政部门、工会和人民检察院:

①特别重大事故、重大事故逐级上报至国务院安全生产监督管理部门和负有安全生产监督管理职责的有关部门。

②较大事故逐级上报至省、自治区、直辖市人民政府安全生产监督管理部门和负有安全生产监督管理职责的有关部门。

③一般事故上报至设区的市级人民政府安全生产监督管理部门和负有安全生产监督管理职责的有关部门。

(3)安全生产监督管理部门和负有安全生产监督管理职责的有关部门依照前款规定上报事故情况,应当同时报告本级人民政府。国务院安全生产监督管理部门和负有安全生产监督管理职责的有关部门以及省级人民政府接到发生特别重大事故、重大事故的报告后,应当立即报告国务院。

必要时,安全生产监督管理部门和负有安全生产监督管理职责的有关部门可以越级上报事故情况。

(4)安全生产监督管理部门和负有安全生产监督管理职责的有关部门逐级上报事故情况,每级上报的时间不得超过 2h。

(5)事故报告后出现新情况的,应当及时补报。自事故发生之日起 30 日内,事故造成的伤亡人数发生变化的,应当及时补报。道路交通事故、火灾事故自发生之日起 7 日内,事故造成的伤亡人数发生变化的,应当及时补报。

(6)报告事故应当包括下列内容:

①事故发生单位概况;

②事故发生的时间、地点以及事故现场情况;

③事故的简要经过;

④事故已经造成或者可能造成的伤亡人数(包括下落不明的人数)和初步估计的直接经济损失;

⑤已经采取的措施;

⑥其他应当报告的情况。

(7)事故发生单位负责人接到事故报告后,应当立即启动事故相应应急预案,或者采取有效措施,组织抢救,防止事故扩大,减少人员伤亡和财产损失。

(8)道路交通事故报告。发生道路交通生产安全事故的,事故现场有关人员首先要向公安交通管理部门报案,还应当立即向本单位负责人报告。单位负责人接到报告后,应当(1h 内)迅速向事故发生地交通运输主管部门、运输经营者所属地的交通运输主管部门、事故发生地县级以上人民政府安全生产监督管理部门以及负有安全生产监督管理职责的有关部门报告。

道路交通生产安全事故报告的具体程序如下:

①事故现场人员报告,报告的内容包括事故发生的时间、地点、企业名称、运行线路、事故车辆型号、车牌号、姓名、乘客人数、伤亡情况,事故大概经过、已经采取的措施等内容。

②单位负责人接到报告后,应当于 1h 内向事故发生地县级以上人民政府安全生产监督管理部门和道路运输管理部门、公安交警等负有安全生产监督管理职责的有关部门报告。

③事故具体情况暂时不清楚的,负责事故报告的单位可以先报事故概况,随后补报事故全面情况。

(9)关于事故迟报、漏报、谎报与瞒报。生产安全事故发生后,依照下列情形认定迟报、漏报、谎报和瞒报:

①报告事故的时间超过规定时限的,属于迟报。

②因过失对应当上报的事故或者事故发生的时间、地点、类别、伤亡人数、直接经济损失等内容遗漏未报的,属于漏报。

③故意不如实报告事故发生的时间、地点、初步原因、性质、伤亡人数和涉险人数、直接经济损失等有关内容的,属于谎报。

④隐瞒已经发生的事故,超过规定时限未向安全监管监察部门和有关部门报告,经查证属实的,属于瞒报。

二、处罚规定

(1)事故发生单位主要负责人有下列行为之一的,处上一年

年收入40% ~80%的罚款;属于国家工作人员的,并依法给予处分;构成犯罪的,依法追究刑事责任:

①不立即组织事故抢救的;

②迟报或者漏报事故的;

③在事故调查处理期间擅离职守的。

(2)事故发生单位及其有关人员有下列行为之一的,对事故发生单位处100万元以上500万元以下的罚款;对主要负责人、直接负责的主管人员和其他直接责任人员处上一年年收入60% ~100%的罚款;属于国家工作人员的,并依法给予处分;构成违反治安管理行为的,由公安机关依法给予治安管理处罚;构成犯罪的,依法追究刑事责任:

①谎报或者瞒报事故的;

②伪造或者故意破坏事故现场的;

③转移、隐匿资金、财产,或者销毁有关证据、资料的;

④拒绝接受调查或者拒绝提供有关情况和资料的;

⑤在事故调查中作伪证或者指使他人作伪证的;

⑥事故发生后逃匿的。

(3)事故发生单位对事故发生负有责任的,依照下列规定处以罚款:

①发生一般事故的,处10万元以上20万元以下的罚款;

②发生较大事故的,处20万元以上50万元以下的罚款;

③发生重大事故的,处50万元以上200万元以下的罚款;

④发生特别重大事故的,处200万元以上500万元以下的罚款。

(4)事故发生单位主要负责人未依法履行安全生产管理职责,导致事故发生的,依照下列规定处以罚款;属于国家工作人员的,并依法给予处分;构成犯罪的,依法追究刑事责任:

①发生一般事故的,处上一年年收入30%的罚款;

②发生较大事故的,处上一年年收入40%的罚款;

③发生重大事故的,处上一年年收入60%的罚款;

④发生特别重大事故的,处上一年年收入80%的罚款。

(5)事故发生单位对事故发生负有责任的,由有关部门依法暂扣或者吊销其有关证照;对事故发生单位负有事故责任的有关人员,依法暂停或者撤销其与安全生产有关的执业资格、岗位证书;事故发生单位主要负责人受到刑事处罚或者撤职处分的,自刑罚执行完毕或者受处分之日起,5年内不得担任任何生产经营单位的主要负责人。

第二节 事故案例分析

一、深圳市清水河化学危险品仓库"8·5"特大爆炸火灾事故

❶ 事故情况

1993年8月5日13时10分,深圳市安贸危险品储运公司清水河危险品四号仓库的管理员发现,存放在仓库东北角的过硫酸铵冒烟起火。他打开消防栓却发现没有水,使用灭火器则无法将火扑灭,打119报警电话又无法接通,于是只得截了一辆车去公安局报警。就在公安局消防队出动时,13时26分,储存着1000多吨硫化碱、硝酸铵和1000多箱火柴的4号仓库发生爆炸!1h以后,另一个库房,存放着上千吨硫黄、硫化碱和甲苯、二甲苯等物品发生更为猛烈的爆炸。爆炸腾起的蘑菇状烟雾高达数百米,附近的建筑物纷纷飞上天,又裂成无数碎片铺天盖地掉落下来。

这场大爆炸,造成15人死亡,200余人受伤,其中受重伤的33人。爆炸造成该公司第2~7号共六个仓库被彻底摧毁,第1、8号两个仓库遭严重破坏,爆炸引燃了距爆炸中心250m的木材堆场和300m处的六座四层楼高的普通货物仓库,以及附近400余米处的三个山头上的树木。经估算直接经济损失达2.5亿元,间接的损失则更是难以估计。

❷ 事故原因

1)事故直接原因

(1)清水河的干杂仓库违章改作化学危险品仓库以及仓库内化学危险品违章存放是事故的主要原因;干杂仓库4号仓内混存的氧化剂和还原剂混装、接触是事故的直接原因。

(2)清水河仓库区安全生产条件,如仓库占地面积和防火墙占地面积;库间距离、与外部设施及居民区和道路的距离等均不符合有关法规、标准规范的要求,导致事故扩大。

2)事故间接原因

(1)深圳市政府安全意识薄弱,城市规划忽视安全要求。

(2)安贸公司是中国对外贸易开发集团下属的储运公司与某爆炸危险物品服务公司联合投资建立的。其凭借与公安局的特殊关系,长期违反化学危险品的安全管理规定,冒险蛮干,违章混存化学危险品,埋下祸根。

(3)作为民用爆炸物品发放许可证的政府主管部门,深圳市公安局执法不严,监督不力。未按规定严格审查,便向安贸公司颁发许可证。

❸ 事故教训

(1)深圳市城市规划忽视安全要求。市政府某些工作人员安全意识薄弱,对清水区的总体布置未按国家规定进行审查,是易燃、易爆、剧毒化学危险品仓库、牲畜和食品仓库以及液化石油气储罐等设施集中设置,并且其与居民区和交通道路之间均不符合安全的规定要求。

(2)不按国家有关规定对安贸危险物品储运公司的申办报告进行严格审查,就批准成立安贸危险物品储运公司,属失察失职。

(3)作为民用爆炸物品发放许可证的政府主管部门,深圳市公安局执法不严,监督不力。未按规定严格审查,便向安贸公司颁发许可证,使其在不具备国家规定的安全条件下,经营民用爆炸物品合法化。

(4)安贸公司为获得经营化学危险品的许可,弄虚作假,欺骗上级领导机关,为谋取高额利润在给市政府的可行性研究报告中,未真实反映情况,有意把不符合安全规定的干杂货平仓说成是符合安全规定的危险物品仓库,骗得了经营化学危险品储运的许可。

(5)安贸公司安全管理混乱,冒险蛮干。在危险品仓库管理方面,安贸公司不按审批存放的危险品种类规定,严重混存各类化学危险品。货物到达才临时指定仓库堆放的现象时有发生,仓管员和搬运工根据仓库剩余空间大小决定存放地点和存放方式,混存混装习以为常。危险品接卸过程,不按规范化程序执行。安贸公司在接到火险隐患通知书后,不按通知要求整改,未将重大隐患消除。这种疏于管理,违章指挥违章作业,有令不行,有禁不止的行为,决定了触发事故的必然性。

❹ 预防措施

(1)要搞好城市规划和市政建设。各级政府在城市规划中,要有全局观念,统筹规划,合理布局,始终坚持经济建设与市政建设同步发展,确保人民生命和国家财产的安全。

(2)加强化学和爆炸危险物品的安全管理。各级政府要把危险物品的储运问题纳入城市规划统筹考虑,各级公安机关要严格执法,坚持原则。

(3)企业应知法守法,严格按照法律法规要求进行生产经营活动,规范自身安全管理,提高安全意识,保障生产经营安全。

二、厦门陆德通物流有限公司“7·12”生产安全事故

❶ 事故情况

2013年7月12日21时35分许,厦门ABB低压电器设备有限公司(以下简称ABB)租赁的安台创新科技(厦门)有限公司仓库货场内,厦门陆德通物流有限公司(以下简称陆德通公司)在组织工人搬运低压开关柜时,发生1名工人被倾倒的低压开关柜压中致死的生产安全事故。

❷ 事故原因及性质

1)直接原因

员工安全意识极差,在发现低压开关柜倾斜存在危险的情况下,未及时安全撤离,而是盲目蛮干用手进行固扶,且紧急避险的能力较弱,以致造成撤离不及时而被低压开关柜压中致死的生产安全事故。

2)间接原因

(1)搬运人员违章作业、盲目蛮干是事故发生的间接原因之一。搬运人员违反公司的规定(室内作业设备,严禁移至室外作业),擅自将手动液压叉车移至库房外作业,违章作业、盲目蛮干,安全意识极差,一味追求速度,忽视作业安全,生产安全。

(2)现场安全管理存在漏洞是事故发生的间接原因之一。陆德通公司安全管理不到位,只追求抢在台风到来前完成搬运任务的作业速度,忽视安全生产,对搬运班组违规作业熟视无睹,安全意识较差。公司虽然制定了较严格的安全管理规定和作业规程,但是在实际现场作业及管理时,存在执行不严、不到位、违规的行

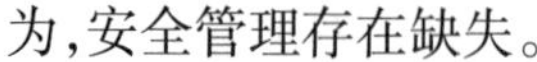

为,安全管理存在缺失。

(3)安全教育培训存在漏洞也是导致事故发生的间接原因之一。公司自成立以来,虽能根据公司人员较少的特点,多次利用会议的方式开展安全教育与培训,员工有一定的安全意识及安全技能。但对班组以下的人员疏于教育,特别是技术要求不高的搬运工的教育,导致这类人员安全意识较弱,紧急避险的能力不强。

❸ 事故责任认定

该事故是一起一般安全生产责任事故。

❹ 防范措施和整改要求

(1)陆德通公司的主要负责人要进一步加强项目部的安全生产工作,要组织相关人员对公司的安全管理工作进行梳理,查找事故的原因,并制定切实有效的管理规定,进一步提升公司的安全管理水平。

(2)陆德通公司要认真落实“四不放过”原则,立即对全公司的业务区进行一次全面的安全生产大检查,举一反三,查找问题,消除隐患。要彻底清查清理公司安全管理的问题,避免类似事故的再次发生。

(3)陆德通公司应进一步加大员工的安全生产教育培训力度,定期组织安全知识讲座、技能培训和考核,不断提高员工的安全意识和自我防护能力,特别是对施工班组人员的安全教育及管理,做到防患于未然,杜绝员工违章蛮干的问题。

三、诚丰胜通物流有限公司工人死亡事故

❶ 事故经过及救援情况

2013 年 1 月 10 日晚 7 点 56 分左右,王某在该物流公司 B 区

仓库内开着叉车把地面上货物叉到装货的汽车上，叉车随即倒车，与装货汽车平行后，叉车又朝前快速行驶，当叉车刚过装货汽车车头位置时随即急转弯（弯度大于90°），由于车速太快、地面有下坡斜度，导致叉车在转弯过程中倾斜呈单侧轮行驶、制动状态，王某被甩出落地，接着叉车侧翻在地，王某被压在叉车钢架下面，工友们见状后赶紧跑过来施救，将王某救出送往医院抢救，但因颈部胸部多处压伤，抢救无效死亡。

❷ 事故原因分析

（1）直接原因：驾驶员无证违章驾驶致叉车翻车，受压致死。

①《特种设备作业人员监督管理办法》（国家质量监督检验检疫总局令第140号）第五条规定，特种设备作业人员应当持证上岗，按章操作。王某并未取得叉车作业操作证，不具备叉车使用的安全知识和操作技能。

②《工业企业厂内铁路、道路运输安全规程》（GB 4387—2008）第6.4.2条规定，机动车在装卸作业、转弯、掉头时，最高行驶速度15km/h。王某当日驾驶叉车时，从监控录像上可以直观看出，其在货车前端急速右转弯时，速度过快，加上转弯处路面呈左低右高，叉车在转弯离心力的作用下，将王某甩出并导致侧翻，叉车刚好将王某压在车架下。因此，王某无证违章驾驶，是导致这起事故的直接原因。

（2）间接原因：企业安全生产管理主体责任不落实。

①《特种设备作业人员监督管理办法》（国家质量监督检验检疫总局令第140号）第十一条规定，用人单位应当对作业人员进行安全教育和培训，保证特种设备作业人员具备必要的特种设备安全作业知识、作业技能和及时进行知识更新。诚丰胜通公司疏于管理，未对特种作业人员进行教育和培训，让不具备特种设备安全作业知识和作业技能、无叉车安全操作证的王某从事现场装

卸作业,是导致事故发生的间接原因。

②《厂内机动车辆监督检验规程》(国质检锅〔2002〕16 号)第 3 条规定,新增以及经大修或者改造的厂内机动车辆,投入使用前,应当按照本规程规定的内容进行验收检验;在用厂内机动车辆应当按照本规程规定的内容,每年进行一次定期检验。该叉车是 2012 年 8 月从原来胜通物流公司直接转过来,但两家公司都无视安全法规、规程的规定,从未向质量技术监管部门办理厂内机动车登记和定期检验,也是导致事故发生的间接原因。

❸ 事故性质认定

该事故为一般生产安全责任事故。

❹ 防范措施

(1)特种作业人员应按要求取得特种作业操作证方可持证上岗,严禁无证人员从事特种作业。

(2)企业应严格按照法律法规要求对从业人员进行安全教育培训,特种作业人员必须具备相关安全作业知识和作业技能,提高安全意识。

(3)特种设备应按要求定期检测检验,确保其安全技术性能。

(4)企业应落实安全生产主体责任,加强安全管理,杜绝作业人员“三违”行为的发生,加强事故隐患的排查和治理,预防事故发生。

参考文献

[1] 国家安全生产监督管理总局宣教中心. 生产经营单位主要负责人和安全管理人员安全培训通用教材(初训)[M]. 北京:中国矿业大学出版社,2008.

[2] 国家安全生产监督管理总局宣教中心. 生产经营单位主要负责人和安全管理人员安全培训通用教材(复训)[M]. 北京:中国矿业大学出版社,2012.

[3] 国家安全生产监督管理总局宣教中心. 道路运输企业主要负责人和安管人员安全培训教材(初训)[M]. 北京:团结出版社,2014.

[4] 国家安全生产监督管理总局宣教中心. 道路运输企业主要负责人和安管人员安全培训教材(复训)[M]. 北京:团结出版社,2014.

[5] 交通运输部安监司. 道路运输企业安全生产标准化考评指南[M]. 北京:人民交通出版社,2015.